Martin Luther

Om
privatmesse og præstevielse

Martin Luther

Om
privatmesse og præstevielse

Oversat og tilrettelagt
Finn B. Andersen

Oversat og tilrettelagt: Finn B. Andersen

Forlag: Books on Demand GmbH, København, Danmark

Tryk: Books on Demand GmbH, Norderstedt, Tyskland

ISBN 978-87-430-0210-9

Forord

Martin Luthers skrift fra 1533 behandler et emne, han har haft oppe at vende flere gange. Det drejer sig om den såkaldte "private messe", som er det, der foregår i den katolske kirke, når en præst ofrer Jesu legeme og blod til Gud uden at menigheden er til stede. Deraf ordet "privat". I stedet for at nadveren uddeles til menigheden sker der altså her i privatmessen kun en ofring af nadverelementerne til gavn for levende og døde.

Denne messeform tager Luther stærkt afstand fra, da den dels er nyopfunden og dels er i klar modstrid med Kristi indstiftelse, hvor nadveren rækkes de tilstedeværende til trøst og styrkelse.

I forbindelse med denne ugudelige praksis tager Luther så også stilling til spørgsmålet om, hvad disse katolske messepræster egentlig bliver indviet og ordineret til. Og da deres eneste opgave er at foretage disse private ofringer (som folk betaler for), må Luther konkludere, at det ikke er en kristen ordination. Og selv hvor menigheden tager del i en sådan messe kan Luther ikke garantere for, at det ikke er andet end brød og vin, man modtager.

Ganske vist afhænger sakramenterne ikke af hverken præstens eller modtagerens tro, men hvor Kristi indstiftelse ændres radikalt, er der ingen garanti for, at man modtager Jesu legeme og blod til syndernes forladelse.

Tekst: WA 38, 195-256

Finn B. Andersen

Martin Luther

Om privatmesse og præstevielse

Hidtil har vi vedvarende, ydmygt tilbudt pave og biskopper, ikke at ville fravriste dem deres kirkerettigheder og magt, især på rigsdagen i Augsburg. *Hvis de ikke ville pånøde os ukristne artikler, ville vi gerne lade os ordinere og regere af dem og endog hjælpe til at håndhæve deres rettigheder og magt.* Men vi har ikke kunnet opnå det. De ville tvinge os til at vende os fra sandheden til deres løgne og vederstyggeligheder. Hvis ikke, ville de slå os ihjel.

Når det nu engang vil gå dem med deres magt og ordination, som det er gået dem med afladen, fordi de er sådanne forstokkede faraoer, hvem skal da have skylden for det? For da jeg tilbød at tie stille om afladen, hvis de andre også ville tie stille om mig, da ville hverken pave, kardinal eller biskop høre mig. Jeg skulle straks tilbagekalde og lade de andre skrige. Hvad har de vundet ved det? Dér ligger afladen. Breve og segl er blæst og fløjet bort, og nu er der intet i verden foragteligere end afladen, så at de endog selv i Augsburg bad kejseren om at formane paven til ikke mere at sende nogen aflad til Tyskland, i betragtning af, at den var kommet i forfald og foragt.

I Augsburg lo man godt af denne begæring, ligesom den også i sandhed er latterlig, fordi papisterne nu selv beder imod afladen, for hvis skyld de tidligere har forkætret, fordømt, forbandet, brændt og med alskens plager forfulgt mig. Hvem ser ikke her, hvad de selv mener om afladen? For hvis de anså den for gavnlig og god, ville de ikke bede sig fri for den, fordi den er kommet i forfald og foragt. Ellers måtte man jo også bede imod Guds Ord og sakramenter, som hver dag foragtes. De anser den selv for lutter løgn og bedrag. Alligevel måtte jeg kaldes den værste kætter og være skyldig til døden, da jeg blot fremsatte min tvivl om afladen. *Dengang var det slet ikke min tanke, at man helt skulle afskaffe den, men at man skulle prædike og tro om den med mådehold og fornuft.* Hvad har de nu vundet ved sådan at forkætre og plage mig for denne aflads skyld? For det første har de deraf den ubodelige store skade, at deres afladskram ligger i skarnet, foragtet af dem selv, og ikke mere indbringer penge og gods. Før indbragte den penge og gods i overmåde stor mængde. Denne skade har de af mig, og dog kan de ikke give mig skylden for det, men de må bekende, at deres forstokkede trods og stivhed er skyld i det, da de ikke ville tage imod mit tilbud om tavshed. Der er sket dem ret. Og som man måtte vente, ler og spotter hele verden dem nu over sådan skade.

For det andet er det til evig skam for dem, at de som Djævelens apostle og bedragere med afladen så skammeligt har forført hele kristenheden og alle arme sjæle og bedraget dem sådan for så usigelig mange penge. Om paven med sine papister ikke havde gjort sig skyldig i andre løgne og bedragerier i kristenheden uden alene i afladen, så havde de dermed dog rigelig fortjent, at man skulle udskælde dem for de største kættere og røvere, Jorden nogensinde har båret. For sig mig, hvilken røver har nogensinde røvet eller stjålet så meget, som der er røvet og stjålet ved afladen? Hvilket kætteri har forført og bedraget så mange sjæle eller er løbet så vidt og bredt som afladen? Sådan ære vil de have. Men hvornår giver de dette rov og tyvegods tilbage? Hvornår fører de sådanne forførte kristne på ret vej igen? Jo vist, de sukkede ikke engang over det, ville hellere, at de evindelig kunne drive sådan forførelse og røveri og alligevel stå der som fromme, tro hyrder, der passer Kristi får.

Hvad nu hvis det engang med tiden også går dem sådan med deres kirkemagt og ordination, så ordinationsolien og præstefrisuren forsvandt, så man ikke vidste, hvad der blev af biskop eller præst, ligesom afladsbrevene er blevet adspredt og fløjet bort? Gud er underfuld. Ved sit ord har han standset afladen, slukket skærsilden, dæmpet valfarterne og tilintetgjort meget andet af papisternes mammondyrkelse og afguderi. Mon han også endnu skulle have så megen kraft i sine hænder, at han kan fjerne den afskyelige salvelse ved ordinationen, som imod hans vilje er blevet indført ved lutter menneskepåfund? Velan, kære pave og biskopper, kommer det dertil, så må I ikke lægge skylden på mig, men på jeres eget forstokkede hoved, som ikke i tide vil gøre noget ved disse ting, men blot fastholde den hårde kurs. Afladen kan I ikke hjælpe mere, dertil har man ventet for længe. Her kunne I endnu udrette noget, mens vi lever. Efter vores død skal I erfare, hvad jeres skrigere med deres spot og skænd hjælper jer, ligesom de har hjulpet jer ved afladen, skærsilden og deslige.

Jeg vil begynde med mig selv og skrifte lidt for jer, hellige fædre! Giv mig en god absolution, som ikke er skadelig for jer selv. Jeg vågnede engang op ved midnatstid. Da begyndte Djævelen en sådan drøftelse med mig i mit hjerte (*ligesom han kan gør mange nætter slemme og bitre nok for mig*): Hør, du højlærde, véd du godt, at du *i femten år* næsten hver dag har holdt privatmesser? Hvad nu hvis du kun har bedrevet afguderi med sådan messe og kun tilbedt brød og vin og ikke Kristi legeme og blod? Og har foregivet andre at tilbede det? Jeg svarede: Jeg er jo en ordineret præst, har modtaget ordinationsolie og vielse af biskoppen. Desuden har jeg gjort alt dette på befaling og af lydighed. Hvordan skulle jeg da ikke have konsekreret nadveren, når jeg med alvor har fremsagt ordene og med al mulig andagt holdt messe? Det véd du jo. Ja, sagde han, det er sandt; men også muslimerne og hedningerne udfører i deres kirker alt på befaling og af alvorlig lydighed. Jeroboams præster i Dan og Be'ersheba gjorde måske alt med større andagt end de rette præster i Jerusalem. Hvad nu hvis din ordination, salve og konsekreren var ukristelig og falsk, ligesom muslimernes og samaritanernes?

Her brød sveden i sandhed ud på mig, og hjertet begyndte at skælve og banke i mig. Djævelen forstår godt at anbringe sine argumenter og vedblive med sin påtrængenhed og fører et vægtigt og vældigt sprog. En sådan dialog gå ikke for sig med lang og megen betænkning, men i ét øjeblik følger det ene svar på det andet. Jeg har tydelig mærket, hvordan det går til, at man om morgenen finder folk døde i sengen. Han kan slå legemet ihjel. Det er én ting. Men også sjælen kan han med sådanne samtaler gøre så bange, at den må fare ud i ét øjeblik, *ligesom han meget ofte har været nær ved at bringe det dertil med mig*. I denne drøftelse havde han rigtig fået tag i mig, og jeg ville jo ikke gerne for Gud lade en sådan bunke vederstyggeligheder hvile på mig, men forsvare min uskyldighed. Derfor hørte jeg på ham, hvad for grunde han havde at anføre mod min ordination og indvielse af nadveren.

For det første sagde han: Du véd, at du ikke har troet ret på Kristus og med hensyn til troen har du ikke været bedre end en muslim. Muslimerne, ja jeg selv med alle djævle tror også alt det, som står skrevet om Kristus, Jak 2, 19. Vi tror, at han er født, død, opfaret til himmels. Men ingen af os trøster sig ved ham eller har fortrøstning til ham som en frelser, men vi frygter ham som en streng dommer. *En sådan tro havde du også,* og ingen anden, da du blev ordineret og holdt messe, og alle de andre, både biskoppen og de, som skulle ordineres, troede på samme måde. Derfor holdt I jer også alle borte fra Kristus og vendte jer til Maria og helgenerne. De måtte være jeres trøst og nødhjælpere over for Kristus. Dette kan hverken du eller nogen papist benægte. *Derfor er I ordinerede og har holdt messe som hedninger og ikke som kristne.* Hvordan har I da kunnet fejre nadver? *I har ikke været sådanne folk, som har kunnet indvie brød og vin i nadveren.*

For det andet, så er du ordineret og har *indviet nadveren imod Kristi ordning og mening.* For Kristi mening er den, at man skal forrette nadveren eller messen sådan, at det uddeles til hans kristne og rækkes til de andre, for en præst skal være en kirkens tjener, så han uddeler nadveren og prædiker. Alt dette fremgår jo klart af Kristi ord i nadveren og af Første Korintherbrev 11. Derfor kaldes nadveren også af de gamle fædre for "communio", fællesskab, fordi ikke kun præsten skal modtage det, men også de andre i fællesskab. Nu har du, imod denne Kristi mening, i hele femten år [1507-1522] altid modtaget nadveren alene og ikke meddelt nogen det. Ja, det har været dig forbudt. Du har ikke turdet meddele andre det. Hvad er nu dette for en ordination og indvielse af nadveren? Hvad er det for en præst, du har været, som er ordineret til din egen og ikke til kirkens tjener? Denne ordination kender Kristus ikke noget til, det er sikkert.

For det tredje er det Kristi mening, at man ved nadveren skal prædike om ham og hans død og offentligt bekende ham, som han siger:

Gør dette til min ihukommelse. Vi skal forkynder hans død, indtil han kommer, som Paulus siger. Men du *privatpræst* har i alle dine privatmesser aldrig prædiket ét ord, heller ikke bekendt Kristus. Du har modtaget det alene og mumlet alene med dig selv. Er det at rette sig efter Kristi mening? Kan det kaldes en ret præst? Er det den hellige ordination? Er det sådan, du har modtaget og brugt dit præsteembede og din ordination?

For det fjerde er det Kristi mening, at det skal være et fælles sakramente til at meddele de andre kristne. Men du er viet til, at du skal ofre det til Gud. *Du er ikke viet til sakramentpræst, men til offerpræst.* Sådan lød biskoppens ord, da han overgav nadverkalken i dine salvede hænder og sagde: "Modtag magten til at indvie nadveren og ofre for de levende og døde" (Accipe potestatem consecrandi et sacrificandi pro vivis et mortuis). Det vil jeg kalde en forvendt indvielse. Du er den eneste person og gør det til et offer, hvor det i stedet skulle være et fælles måltid, forordnet af Gud til at rækkes de kristne ved præsteembedet. O, vederstyggelighed på vederstyggelighed!

For det femte er det, som sagt, Kristi mening, at man skal uddele nadveren til hans menighed for dermed at styrke dens tro og offentlig at prise Kristus. Men du har gjort det til en egen gerning, som tilhører dig, og som du har udført uden at have andre med. Du har meddelt denne gerning til andre og solgt den for penge. Kan du nægte noget af dette? Hvortil er du nu ordineret, du, som ikke har haft nogen ret tro og desuden imod Kristi hele ordning og mening er viet til præst for at frembære egne ofre, egne gerninger. Du er ikke indviet til kirkens præst, for du har ikke meddelt nogen nadveren, intet har du prædiket og du har slet ikke gjort noget af det, for hvis skyld Kristus har indstiftet det. Tværtimod er du indviet stik imod Kristus til at gøre alt, hvad der er ham imod. Men er du indviet imod Kristus, så er din vielse bestemt falsk, antikristelig og aldeles intet. Derfor har du bestemt heller ikke indviet nadveren, men ofret, fortæret og tilbedt *almindelig brød og vin* og fremholdt det for andre for at tilbedes.

Her ser du, at der for det første ikke er en sådan person til stede i din messe, som skal og kan indvie nadveren, nemlig et Kristus-troende menneske.

For det andet er der ikke nogen til stede, for hvem du skal forvandle det, og til hvem du skal give det, nemlig den kristne menighed eller folk. Du ugudelige, vantro præst står der alene og mener, at Kristus for din skyld har anordnet det og for dig alene skal stå klar og lade sit legeme og blod forvandle, skønt du ikke er hans lem, men hans fjende.

For det tredje er den egentlige hensigt og frugt eller brug ikke for hånden, som Kristus vil have. For det er indstiftet for dermed at bespise og styrke den kristne menighed og for at forkynde og prise Kristus. Men den kristne menighed kender intet til din messe, hører intet af dig, modtager intet af dig. Du står jo tavs i en krog og spiser det alene. Desuden er du vantro og uværdig, og bespiser ingen med det, men sælger det som en god gerning, du har tilovers. Fordi du da ikke er den person, som skal gøre det, og den person ikke er til stede, som skal have det, og den egentlige hensigt, som Kristus har anordnet og vil have, er fordrejet, og du dog kun er ordineret til en sådan skammelig forvendt præst, så er både din ordination og din indvielse af nadveren aldeles intet andet end at bespotte og friste Gud. *Du er ikke nogen præst og brødet er heller ikke Kristi legeme i din messe.*

Jeg vil give dig *en sammenligning.* Hvis nogen døber, hvor der ikke er nogen person, som vil lade sig døbe, eller hvis man ville døbe en klokke, som ikke kan være en sådan person, som må døbes, kære, sig mig, ville dette så være en dåb? Her må du sige: Nej. For hvem kan døbe det, som ikke er noget, eller ikke er en person, som er modtagelig for dåb? Hvad ville det være for en dåb, når jeg ville snakke hen i vinden: Jeg døber dig i Faderens, osv., og kastede vand bagefter? Hvem modtager her syndernes forladelse og Helligånden og nogen anden virkning af dåben? Luften eller klokkerne? Der må det jo være til at fatte, at *her ikke kan være nogen dåb, selv om dåbens ord bliver udtalt og der udøses vand, af den grund, at der ikke er nogen person til stede, som er modtagelig for dåben.* Hvad så hvis det i din messe gik dig på samme måde, at du fremsagde ordene og tog nadveren, men dog ikke modtog andet end blot brød og vin? For personen, kirken, er ikke til stede. Desuden er du som vantro ikke mere skikket til at modtage nadveren end klokken eller stenen til at modtage dåben, ja du er et aldeles intet i forhold til sakramentet.

Her vil du måske sige: Om jeg end ikke meddeler kirken sakramentet, så giver eller tager jeg det dog til mig selv. *Mange modtager jo nadveren, ja, selv dåben, skønt de er vantro.* Alligevel er den rette nadver og dåb til stede. Hvorfor skulle da min messe ikke være den rette nadver, osv.? Nej, kære ven, her finder ingen lighed sted. Ved dåben (selv når det er en hjemmedåb) er der altid mindst to personer til stede, døberen og den, som skal døbes, og ofte langt flere, og der er et embede, som uddeler noget i menigheden, til den anden part. Man tager ikke alt til sig selv, uden at lade andre få noget, som du gør i messen. Og selv om alt andet mangler, så sker dog her handlingen efter og ifølge Kristi befaling. Men det gør din messe ikke.

For det andet, hvorfor lærer I ikke også, at man skal eller kan døbe sig selv? Hvorfor er dette ikke nogen dåb? Hvorfor er det ikke nogen konfirmation, når man konfirmerer sig selv? Hvorfor er det ikke nogen præstevielse, når man indvier sig selv? Hvorfor er det ikke nogen absolution, når man absolverer sig selv? Hvorfor er det ikke nogen salvelse, når man giver sig selv den sidste olie? Hvorfor er det ikke noget ægteskab, hvis man ville tage sig selv til ægte eller med vold går i seng med en pige og siger: Det må være et ægteskab, uden hendes samtykke, for det er *jeres syv sakramenter.* Når det nu er sådan, at man ikke selv kan betjene sig med sakramenterne, hvordan kommer du da frem til at kunne forrette dette ene og *højeste sakramente* selv og for dig selv alene?

Sandt er det, som man siger, at også Kristus selv deltog i nadveren sammen med sine disciple, og at en præst sammen med menigheden også selv kan nyde nadveren. Men han forretter og tager det ikke for sig selv alene, men modtager det sammen med menigheden eller med andre, og alt går efter Kristi ordning og befaling. Men jeg taler nu om at indstifte og forrette nadveren, om man kan forvandle og forrette den for sig selv. For når den er indstiftet, véd jeg nok, at enhver selv kan tage og spise med de andre; for det er en fælles spise. Ligesom når jeg spørger, om nogen kan ordinere og kalde sig selv. Da véd jeg godt, at når man er kaldet og viet, kan man senere gøre brug af sin kaldelse. Ligeledes: Hvis en mand vil i seng med en kvinde, selv om hun ikke tilhører ham eller han er forlovet med, om det så er nok, at han selv alene kalder eller holder det for et ægteskab? Jeg véd meget godt, at når hun siger ja og er blevet hans, så er deres samleje derefter et ægteskab, osv.

I denne angst og nød ville jeg vise Djævelen fra mig, griber til den gamle harnisk, jeg i pavedømmet havde lært at tage på og bruge, nemlig at jeg havde holdt sådan messe "i kirkens tro og mening". For selv om jeg ikke troede eller mente det ret, så troede og mente kirken det dog ret, derfor måtte min messe og indvielse være ret. Dertil gav han mig følgende svar: Sig mig, hvor står det skrevet, at et ugudeligt, vantro menneske kan træde frem og indvie nadveren på kirkens tro og mening? Hvor har Gud lært og befalet det? Hvormed beviser du, at kirken fremholder og låner dig denne sin mening til din egen privatgerning? Har mennesker sagt det uden Guds Ord, så er det alt sammen opdigtet. Ja, sådan sniger I omkring i mørke under kirkens navn og bagefter skulle alle jeres vederstyggeligheder kaldes kirkens mening!

For det andet skal du ikke lære mig, hvad der er kirkens tro og mening. *Kirken tror og mener intet andet end Kristi mening og ordning*, langt mindre noget mod hans mening og ordning, om hvilken jeg ovenfor har talt. For Paulus siger i 1 Kor 2, 16: "Vi har Kristi sind eller tanker." *Men hvoraf kan man vide, hvad der er Kristi og hans kirkes mening uden af hans og kirkens egne ord?* Hvoraf véd du, at det er kirkens mening, at ægteskabsbrud og mord er synd, at vantro fordømmer, og deslige? Må man ikke lære det af *Guds Ord*? Når man da om *gerningerne* må udlede kirkens mening af Guds Ord, hvor meget mere må man da ikke af Guds Ord udlede kirkens mening om *læren*? Hvorfor handler du da her i din privatmesse åbenlyst mod Kristi klare ord og ordning og lyver det derefter på kirken og vil sminke dig med dens mening, *som om dens mening var imod Kristi ord og ordning*? Hvem byder dig at lyve kirken så skammeligt på?

Fordi du da ikke er ordineret til andet end til at holde privatmesse det vil sige, til at gøre imod Kristi ord og ordning, imod kirkens mening og tro, så er du snarere blevet vanhellig end hellig ved din ordination, og din vielse er langt uslere og værre end klokkedåb og stenvielse. Derfor har du bestemt heller ikke indviet nadveren, men ligesom hedningerne kun ofret brød og vin og solgt og meddelt det som en god gerning, til de fromme kristne, for dermed at fylde din vom. Du er din egen voms præst og ikke Guds præst. Hvem har nogensinde i himlen og på jorden hørt om større vederstyggelighed, bedrageri og skade osv.! Dette var omtrent dialogen indhold i korthed.

Her vil de hellige papister spotte mig og sige: Er du den store doktor og kan ikke svare Djævelen? Véd du ikke, at han er en løgner? Tak, I kære herrer, for jeres trøsterige absolution og svar. Jeg havde ikke vidst, at Djævelen er en løgner, hvis I ikke fortalte mig det. Hvis jeg var en papist, og Djævelen lod mig være i fred, ligesom han lader dem leve i sus og sikkerhed, så skulle også jeg nok vide at svare ham smart. For jeg er også en af de dristige helte, som ikke frygte for ti modstandere, når jeg er alene. Men hørte de Djævelen snakke, så skulle de ikke snakke længe for mig om kirken, gammel skik og vedtægt. Jeg ser nok, hvordan David i sine salmer, og de kære profeter ynkelig råbe over sådanne samtaler, og Kristus selv må, selv om for vores skyld, udstøde mangt et bittert suk og angstråb, fordi Djævelen er efter ham og trænger ind på ham. Og jeg tror, at Emser og Oecolampadius og deres lige er døde så pludselig på grund af disse Djævelens gloende pile og spyd. For uden Guds særlige hjælp og kraft kan intet menneske udholde det: Han er dygtig til at udnytte tiden, når han snakker, for han driver sit spil på kort tid og behøver ikke lang tid, når han træffer sin mand alene hjemme.

En løgner er han, det er sandt, men han kan lyve bedre end nogen almindelig løgner og med mere kunst, end et menneske kan forstå. Han tager en sandhed frem, som man ikke kan benægte, og skærper dermed sine løgne, så man ikke kan værge sig imod det. Det var den rene sandhed, da han indskød i Judas' hjerte, at han havde forrådt uskyldigt blod: Det kunne Judas ikke nægte. Det var sandhed. Men det var løgn, at han bød ham kaste alt håb til Gud væk. Dertil skærper han ved sandheden hans fortvivlelse så kraftigt, at Judas over det må gå bort og hænge sig. Nej, kære broder, da lyver Djævelen ikke, når han foreholder os vore åbenlyse onde gerninger og livsførelse. *Han har to vidner, som ingen kan modsige, nemlig Guds bud og vores samvittighed.* Her er det mig ikke muligt at sige nej. Skal jeg da sige ja, som jeg må gøre, så er jeg dødsens og hører Djævelen til. Men han lyver, når han over det vil få mig til at fortvivle sådan som Kain, der sagde: Min synd er større end Guds nåde.

Her er da tid og behov for hjælp og redning ovenfra fra Himlen. *Enten at en kristen broder kan være hos dig med et ydre Guds Ord eller Helligånden selv i hjertet, for at erindre dig om sådanne ydre Guds Ord* og sige: Du har bekendt og ikke nægtet, Djævelen har fået dit ja-ord på, at du har syndet og ligesom Judas med rette er fordømt. Men vend dig nu ligesom Peter om til Kristus, og se, hvad han har gjort for dig. Kristus har igen ved sit blod fordømt dette dit ja-ord og gjort det til intet, og det skal ikke skade dig. Uden for Kristus havde Djævelen ret til dig, men fordi du er i Kristus og påkalder ham, så er dette dit ja-ord atter blevet til nej. Du kan trodse og rose dig mod Djævelen sådan: Er jeg end en synder, så er jeg dog alligevel ingen synder. I mig selv uden for Kristus er jeg en synder. *I Kristus uden for mig selv er jeg ingen synder.* For han har med sit hellige blod udslettet min synd. Det tvivler jeg ikke på. *På det har jeg dåb og absolution og nadver som pålidelige breve og segl.*

Kort sagt, vi er nu fri for sådan privatmesse og salvelse og ville overlade forsvaret for dem til deres herrer, papisterne nemlig, som nu kan skrive mange bøger, fyldte med lutter løgne og bespottelser fra begyndelsen indtil enden. De vil nok forsvare deres ordination og messe. Vi vil i dette stykke undervise, advare og trøste vore, og hvem, som ønsker det, enten nu papisterne beviser det eller ikke, at der i deres privatmesse kun er brød og vin til stede eller Kristi legeme og blod. Det lader vi dem selv rode med. Er der *blot brød og vin til stede, som der er stor sandsynlighed og fare for*, så må enhver sige, og også de selv bekende, at de er de største bedragere og forførere på jorden. De har kun holdt brød og vin frem for de kristne i stedet for Kristi legeme og blod og desuden meddelt og solgt dette deres offer og værk som den højeste gudstjeneste på jorden, hvormed man kunne forsone synderne for Gud, forløse sjælene i skærsilden og fordrive al ulykke for tid og evighed. Som om Kristus slet intet var og vi ved det blotte brød og vin skulle blive hellige og salige og forløste fra synd og død. Kære, hvad andet ville vi anse og kalde en sådan præst i hans messeklæder og ved alteret end en led djævel fra Helvedes afgrund? Og fordi han er ordineret til denne messe, hvad ville da hans vielse være andet, end at han fra at være en i dåben helliget kristen er blevet vanhelliget til en djævel ved sin biskop og salvelse?

Her hjælper det ikke, at de råber: Kirke, kirke, og at mange fædre, Gregorius, Bernhard, osv. har holdt sådan messe. *Vi kan ikke stole eller bygge på fædrenes liv og gerning, men alene på Guds Ord*, fordi Kristus selv i Matthæusevangeliet 24 alvorligt har advaret os, at der skulle komme sådan vildfarelse, for om muligt at føre selv de udvalgte vild. Dertil føjer han: "Hvis de dage ikke afkortedes, blev intet menneske frelst." Her viser han jo klart, at ordet og nadveren og dåben (hvorved og ved intet andet vi må blive frelst) skal komme i sådant forfald blandt de kristne, at ingen kan blive frelst ved dem. Nu har vi under pavedømmet oplevet en sådan tid. *For skønt vi har haft dåben, nadveren og ordet, så er disse dog, da vi blev voksne og ældre, blevet så forvanskede og fordunklede ved menneskelære og misbrug*, at vi ikke har kunnet rose os mere af disse ting, men har måttet trøste os med andres messer, egne gerninger, munkevæsen, valfarter, helgendyrkelse og lignende ting. Nøjagtig ligesom muslimerne og jøderne trøster sig med sine gerninger og gudstjenester, og al verdens gods er gået med til denne pavedømmets fordrejelse og vederstyggelighed. Selv om også de udvalgte heri er blevet forførte, så har Gud dog godt kunnet udrive dem, som Bernhard og flere andre, ved deres død, ligesom han udfriede Lot af Sodoma og de syv tusinde på Elias' tid. *Derfor skal man ikke stole på deres gerning og tale uden Guds Ord i sådanne høje og evige sager.*

Men er Kristi legeme og blod til stede i den papistiske messe, så må enhver sige og bekende, at de er de største Gudstyve og kirkerøvere, som nogensinde har været på Jorden. For, som ovenfor sagt, er nadveren anordnet og indsat efter Kristi mening, for at man skal række eller meddele de andre kristne det som en kommunion og fælles spise til deres tros styrkelse og trøst. Dette gør vore privatmessepræster ikke, men tager og beholder det for sig selv og giver ikke en eneste kristen noget. Og når de således har stjålet og røvet det fra kristenheden, giver og sælger de bagefter i dets sted deres "opus operatum", deres eget offer og værk. På samme måde har de frastjålet og berøvet os dåben, *efter at vi er blevet voksne. (Børnene er ved Guds nåde forblevet sikre for dem)*. De lærte os, at dåben var tabt, når vi senere begik synd, og i stedet lærte de os at stole på vores egne gerninger, at blive munke og dyrke helgenerne. Som Peter siger i 2 Pet 2, 18-19: "Dem, som lige har gjort sig fri (ved dåben og Guds Ord) af de folk, der lever i vildfarelsen, lover de frihed, skønt de selv er slaver af fordærvelsen."

Hvad er nu dette for et kræmmermarked, ja tyveri og rov, når man berøver mig Kristi legeme og blod, som bør meddeles mig for intet, og for mine penge og gods giver mig et ugudeligt, elendigt menneskes offer og værk? Det må kaldes at berøve mig min næring og bagefter sælge mig møg for penge. Ja, det er at berøve mig Himmerige og i dets sted endog for mine penge at sælge mig Helvedes ild, som jeg desværre allerede havde fortjent uden penge, ved min synd. O, hvilken forfærdelig stor Guds vrede har det været over den utaknemlige verden. Det er som Paulus har profeteret: "Fordi de ikke har taget imod kærlighed til sandheden, så de kunne blive frelst, sender Gud vildfarelsens magt over dem, så de tror på løgnen." (2 Thess 2, 10-11). Med hvor megen grund kalder han ikke andetsteds en sådan tid en skrækkelig og hård tid. Ja, bestemt skrækkelig og mere end skrækkelig, i hvilken denne hovedvederstyggelighed har haft overhånd og forført næsten hele verden og dertil taget penge og verdens gods til løn for det.

Hvad andet skal man vel anse og agte sådan præst ved hans alter og i hans præstelige embede for end en Gudstyv og kirkerøver. Dertil er han en uhørt forræder og bedrager, der sælger sit møg og Helvede for verdens gods. Ja, han er et redskab for Guds skrækkelige vrede, ved hvilke han sender dem kraftige vildfarelser, som ikke med kærlighed og tak har modtaget hans ord, så de kunne blive frelst. Og hvordan skal man forklare sig hans vielse, hvorved han er ordineret til en sådan messe, anderledes end at hans biskop har ordineret en åbenlys Gudstyv og kirkerøver blandt de kristne, der skal føre Guds vrede og straf over de utaknemmelige og foragterne? Sådan har den ene Gudstyv udsendt den anden, den ene kirkerøver den anden, indtil de har fyldt kirken dermed og ødelagt alt, hvad der er og kaldes Guds, som Daniel forud har forkyndt (Dan 11,31.36).

Her skulle papisterne gribe i deres egen barm, når de skriger op over, at klostre nedbrydes og klostergodser inddrages. Sådanne klostre er sten og træ; godserne er timelige ting, skønt jo paven, kardinaler, biskopper og præster befatter sig allermest også hermed, dertil også før som tyve og røvere har haft dem i sin besiddelse, som jeg engang udførligere skal påvise. Men her bliver den kristne kirke åndelig berøvet og plyndret, nadveren og ordet ødelagt. Det griner de oven i købet af, og det skal kaldes vel gjort. Men Gud er begyndt at le ad dem igen og det skal bide bedre end deres latter. Amen.

Her hjælper det atter intet, at de skriger: Kirke og fædre; for, som sagt, menneskers gøren og talen uden for og uden Guds Ord anfægter os aldeles ikke i sådanne høje sager, om det end var en engel fra Himlen. Vi véd, at ikke alene profeterne, som David og Nathan, ofte har syndet og fejlet, men at også apostlene, som Peter i Gal 2, 11 syndede og fejlede. Og den hellige kirke selv må daglig bede: Forlad os vores synd. Vi må have den mand, om hvem alene der er skrevet: Han har aldrig syndet, heller ikke talt uret. Hvad han gør og siger, hører vi på efter hans faders befaling, Matt 17, 5. Efter dette bedømmer vi både apostle, kirker og engle med. Vistnok adlyder vi apostlene og ligeså kirken, for så vidt de medbringer denne mands kendemærke, som han giver dem, når han siger: "Gå ud i alverden og prædik evangeliet for hele skabningen." (Mark 16, 15). Og: "Lær dem at holde alt det, som jeg har befalet jer." (Matt 28, 20). Hvis de ikke har dette kendetegn, så hører vi dem ikke mere, end Paulus hørte Peter i Gal 2. Her hjælper intet råberi. Vi handler ikke anderledes.

Heller ikke hjælper det, hvis de foregiver, at de ikke røver eller stjæler nadveren fra nogen, fordi enhver jo kan få den i sin menighed, nemlig under én skikkelse, osv. *Sognepræsterne* vil vi se på senere, nu taler vi om dem, som holder privatmesse, som skulle have det selv samme sakramente, som præsterne har, men alligevel ikke meddeler det til nogen. For det kaldes jo ikke præsternes sakramente, men kirkens sakramente. Og en præst skal være kirkens tjener og ikke sin egen herre mod kirken. I privatmessen får kirken ikke sit sakramente, som den dog skulle have. Den, som holder privatmesse, tjener eller rækker heller ikke kirken det, som han er skyldig at gøre. Han beholder det alene for sig selv og berøver således kirken dens sakramente og giver den i stedet for skallerne, ja sit eget møgoffer og værk for penge og gods.

Her kunne en lægmand eller den, der hører en sådan messe, spørge: Hvad skal da jeg gøre, som har hørt mange sådanne privatmesser og endnu må høre dem? Hvad har da vore forfædre gjort, som har stiftet sådan messer og givet meget dertil? Svar: Vore forfædre må vi overlade til Guds dom. Han kan nok have bevaret nogle, ligesom han bevarede Koras børn, da jorden opslugte deres fader, og ligesom det ovenfor også er sagt om Lots og Elias' tider. Peter siger i 2 Pet 2, 9: ”Herren formår at fri de gudfrygtige fra fristelse, men at holde de uretfærdige i forvaring til straffen på dommens dag.” Fordi vi da under pavedømmet har været fristet og besværet med disse privatmessernes vederstyggeligheder og meget andet, og Gud nu ved sit sandhedsord kalder os ud og vil forløse os derfra, så er det på tide, at vi hører og adlyder og med Lot flygter ud af dette Sodoma. Selv om vores familie, ja, endog vores ægtefælle, og hvad der ikke vil med, bliver tilbage, så må vi dog frelse vore sjæle og ikke forgå med de andre. For nu kan vi ved Guds Ord slippe ud ligesom Lot ved englene.

For det første har en præst eller privatmessepræst let ved at gøre det. For da han er vis på, at denne privatmesse, selv om Kristi legeme og blod skulle være til stede, ikke er befalet af Gud, men blot er et menneskepåfund, så kan han let og med god samvittighed afstå derfra. Du har jo alligevel mangen en gerning og tjeneste, som du er sikker på, er befalet af Gud. Gør den og lad den ikke befalede og uvisse gerning ligge. Hvem vil tvinge dig til det, da du véd, at Gud ikke vredes, hvis du afstår derfra. Ja, hvem vil tvinge dig eller mig til at tro, at Kristi legeme og blod er til stede i privatmessen? Jeg kender intet Guds bud om det. Derfor lader jeg privatpræsten gøre, hvad han vil. Hans messe giver mig intet. Den berøver mig heller intet. Bringer han Kristi legeme og blod til at være til stede, så frarøver han kirken det som en ærketyv, og han alene nyder det, men ikke jeg. Bringer han intet frem, så er der intet, som vedkommer mig, så gavner hans ofring og uddeling heller ikke noget for mig. Heller ikke hjælper det, at de snakker om, at vi i privatmessen nyder Kristi legeme og blod åndelig ved troen. Sådan åndelig nydelse finder jeg bedre i Himlen, hvor Kristi legeme og blod sidder ved Guds højre hånd. Det er mig befalet, er sikkert og slår ikke fejl. Men privatmessen er mig ikke befalet og er usikker. I én sum, som Augustin siger: "Hold dig til det visse og lad det uvisse ligge."

Ja, jeg siger endnu mere, *fordi det er usikkert*, om Kristi legeme og blod er til stede i privatmessen, og den helt sikkert er lutter mennesketant, så skal du, *så sandt du har dit liv kært, ikke tro, at Kristi legeme og blod er til stede dér.* For troen skal være sikker i sine sager og have en sikker grund, som man ikke må eller skal tvivle på. Personligt kan jeg ikke anse det for sikkert, heller ikke gøre det til vished. Derfor vil jeg ikke vove at sætte min tro på det, før jeg ser, at papisterne gør det til vished. Imens er og bliver jeg sikker og lader privatmesserne fare, dingle og svæve, som de vil. For Gud har ikke befalet mig at holde dem, at være til stede eller at gøre, tale eller ihukomme noget ved dem. Dog vil jeg gerne høre, hvordan de vil gøre det til vished. De vil sikkert komme travende med de ord: Kirke, kirke, skik, skik. Dem kom de også med, da jeg angreb afladen. Og de ser jo nu, at hverken kirke eller skik kan opretholde afladen, lige så lidt som flere andre vildfarelser, som man har bedrevet under kirkens navn. Men Peter siger: "Den, der taler, skal tale med ord fra Gud." (1 Pet 4, 11). De ord kan de bruge på privatmessen, hvis Djævelen engang farer til himmels. Gør de det ikke til vished, så sig mig, hvad betyder da salvelsen og vielsen, hvorved sådanne privatpræster indvies til at holde disse privatmesser? Djævlemøg vil det vise sig at være.

For det andet, en lægmand eller almindelig kristen eller hvem som helst, der hører privatmessen, har endnu flere grunde end dem, som en privatpræst har, til ikke at tro, at Kristi legeme og blod er til stede i privatmessen. Han véd nemlig ikke, om hans privatpræst indvier nadveren eller forvandler den, som man kalder det. Han kan eller må heller ikke det, *for man lader ham ikke høre de ord, som præsten skal fremsige over brødet og vinen.* Desuden kan han ikke se i præstens hjerte, hvad for en tro, der er derinde, og må således købe katten i sækken. Ja, fordi det er mennesketant, skal han slet ikke bygge på det, fordi Kristus siger i Matthæus 15, 9: "Forgæves dyrker de mig, for det, de lærer, er menneskebud." Og selv om præsten bekender eller siger, at han tror og har fremsagt indstiftelsesordene, så må og tør dog ingen tro ham. Selv i verdslige sager, hvor der handles mellem mennesker, har Gud befalet, at ingen sag skal dømmes efter én persons udsagn. Som vi da også plejer at sige hos os: "Én er som ingen". Hvor meget mindre kan eller bør en kristen så tro en enkelt person i så høje guddommelige sager, som angår det evige liv? Derfor må man hellere blive borte fra sådan messe. Eller hvis man må være der til stede på grund af sit arbejde, så skal man lade præsten forrette sin messe, og selv tænke på sin herre Kristus i Himlen imens og fremsige sin Trosbekendelse eller en Salme. Sådan gjorde syreren Na'aman i 2 Kong 5, 18, når han stod hos sin konge i kirken og lod præsterne ofre og tjene deres afgud, mens han derimod var med sit hjerte i Jerusalem hos den sande Gud.

Heller ikke gælder det, hvis man her ville foregive, at en privatpræst er en offentlig person, offentlig ordineret, som man skal tro, ligesom man tror en notarius eller en offentlig tjenestemand. For, som sagt, denne sag er åndelig og ikke verdslig. Desuden tror man i verdslige sager heller ikke nogen tjenestemand alene, uden at han har vidner. Desuden er hans sager også offentlige, så man ser og hører dem. Her derimod er ingen vidner, men en enkelt person, som mumler i mørket og driver sit spil i skjul og derefter siger, at han har gjort sådan og sådan. Dette skulle man tro og på det vove sin frelse! Nej, kære mand, det vil man ikke tro og skal heller ikke tro det. Ligesom kukkeren fortæller sit eget navn, sådan fortæller de jo også selv, hvad deres messe er, når de kalder den "Missam Privata", det vil sige en privatmesse, kun for en enkelt person. Hermed tilkendegiver de, at privatpræsten ikke er offentlig person, ligesom en offentlig tjenestemand, men en privat person. De gamle fædre kaldte derimod nadveren for "Communion", en "fælles" messe, hvor mange kommer sammen til et fællesmåltid, og ikke blot en enkelt nyder nadveren og lader de andre gå bort med tomme maver.

Og selv om Gud ikke havde befalet, at vi ikke skulle tro en enkelt mands ord og gerning, så nøder dog erfaringen og selve nøden os til det, også i disse hemmelige eller private messer. Jeg har været i Rom og holdt dér mange messer og så også mange messer blive holdt, så at jeg gyser, når jeg tænker på det. Her hørte jeg, foruden andre nogle rigtig grove karle fra pavens hof le og berømme ved bordet, hvordan nogle holdt messe og fremsagde disse ord over brødet og vinen: Du er brød og vil blive brød, du er vin og vil blive vin, og således opløftede de det. Nu, jeg var en ung og virkelig alvorlig, from munk, hvem sådanne ord gjorde ondt; hvad skulle jeg tænke? Hvad andet kunne falde mig ind end sådanne tanker: taler man her i Rom sådan frit, offentlig ved bordet, hvad om da alle til hobe, både pave, kardinaler og pavens hof holdt messe på denne måde? Hvor smukt ville jeg være narret, som af dem havde hørt så mange messer. Og i sandhed, jeg væmmedes desuden meget især ved det, at de så sikkert og kækt og hurtigt kunne holde messe, som om de drev et gøglespil. Før jeg nåede til evangelieteksten, havde min sidepræst forrettet sin messe og råbte til mig: Skynd dig, få det overstået, osv.

Nu véd vi, at meget af pavehoffets dyd og tro er hidbragt fra Rom og Italien, og at både stiftelser og præster er blevet dygtigt besudlede dermed; for vi har set mange ryggesløse domherrer, vikarier og messepræster, som nat og dag førte et meget vildt, udsvævende liv med fråseri og horeri og alligevel om morgenen holdt messe. Hvem vil her indestå for og forvisse os om, at de ikke også har holdt messe på sådan romersk og pavelig vis og ladet os tilbede bare brød og vin? Jeg vil ikke tale om, hvad de har troet, ment og gjort, om de end skulle have fremsagt forvandlingens ord. Kære, lad os også her trøste hinanden og sige med papisterne, at vi skulle høre og se sådan messe i den hellige kirkes mening og tro. Ja, min ven, behold du sådan tro og mening; vi ikke. Jeg vil have en tro og mening, den lyder sådan: *Jeg er ved sådanne eksempler blevet brændt, gjort klog og advaret, så at jeg aldrig vil være til stede, ved sådan privatmesse,* eller, må jeg være der til stede, så vil jeg dog ikke bryde mig om den eller holde den for at være noget, ligesom jeg også for Gud er skyldig til ikke at bryde mig om den; sådan bliver min tro ikke skuffet; det er jeg vis på.

Videre siger man, at nogle papister nu er *zwinglianske* og også mener, at der i nadveren kun er brød og vin til stede, og derfor også praler med, at de herefter desto hellere ville holde messe, fordi bekymringen og faren med Kristi legeme og blod er borte. Desuden gives der nu såre mange epikuræere og skeptikere, som for afgiftens skyld holder messe og hykler for paven og biskopperne, desuden dygtig skælder ud på *lutheranerne,* endog sværger på, at de før ville lade sig sønderslide, før de ville tro anderledes end kirken. For da de ikke tror på nogen Gud, tænker de, at en sådan ed ikke skader dem. De bespotter desuden hele den kristne religion og holder os for store narre, som tror sådanne sælsomme og forunderlige artikler, og iblandt dem er der endog biskopper og højlærde, som er vel bevandrede i tre sprog.

Hvad har ikke det stakkels menneske *Thomas Müntzer* gjort, da han flakkede omkring i landet og søgte en rede for sin udyd? Endnu i Alstadt har han bekendt for troværdige folk, at han i Halle var kapellan i et kloster og om morgenen måtte holde fromesse for nonnerne; da var han ofte ærgerlig og udelod forvandlingens ord og beholdt kun brød og vin, og dertil ville han endnu anses for at have handlet meget ret og roste sig i Alstadt og sagde: Ja, af sådanne uindviede herreguder (sådan kaldte han oblaterne) har jeg vel ædt hen ved 200.

Hvad har vel andre luskepetere og landstrygere gjort, som her og der tigger om lov til at holde den første messe og var dog uindviede slemme skurke, af hvilke nogle også holdt messe og havde en tallerken i ærmet, og når de pakkede bægeret ind igen, stjal de disken og lagde tallerkenen i dens sted.

Hvad havde ikke det stakkels menneske vovet, den jøde nemlig, som blev brændt foran Moritzburg i Halle? Hvor mange flere sådanne vederstyggeligheder er der vel ikke sket i andre lande, hvorom vi intet véd? For det er vel at formode, at vi har erfaret det mindste deraf, og sådanne eksempler skulle noksom advare os, *så vi holdt al privatmesse for mistænkelig, ja agtede den for aldeles intet.* Men der er sket os ret, da vi i Djævelens navn ville være klogere end Gud og ordne messen bedre, end han har ordnet den, og sætte vores egen indbildning og mening i Guds sted, så vi måtte falde i en sådan afgrund af alle slags vederstyggeligheder og den ene blinde drage den anden efter sig.

Fremdeles, om en lægmand eller tilhører end er vis på, at hans privatpræst fremsiger ordene, hvordan véd han forvist, at han fremsiger dem med tro? For en præst kan jo fremsige ordene og derfor tænke sådan: jeg vil på befaling udtale disse ord; enten der deraf bliver Kristi legeme og blod eller ikke, lader stå hen, lad andre sørge for det Hvem véd, hvor mange der have været og endnu er af sådanne præster? Ligesom en krabat engang spurgte, om det ikke ville være nok for en kristen, når han troede og ret vel undte Kristus, at han var Gud, enten han så var det eller ikke, sådan lader denne præst det stå hen, enten Kristi legeme og blod frembringes ved hans ord eller ikke, uden at ville være bebyrdet med at skulle tro det fuldt og fast. Hvad er privatmessen her andet end en skændig vederstyggelighed, som skammelig forfører tilhøreren?

Men jeg sætter, at præsten endog tror, at legemet og blodet kommer til stede, så kan dog lægmanden ikke vide det, men må tvivle og befrygte, at han tilbeder blot brød og vin. Jeg taler nu om den pavelige tro, det er om den tro, hvormed de tror, at Kristi legeme og blod er til stede i sakramentet, hvilken tro også de ugudelige og falske kristne og alle djævle har, og som blot er en menneskelig tanke og indbildning. *For ingen papist har den rette, kristne tro,* kan heller ikke have den, fordi de ikke tror, at de alene ved Kristus har nåden og livet. Heller ikke bruger de sakramentet i sådan tro eller for at erhverve den, men som et offer og en gerning, som de også meddeler og sælger til andre, og hvormed de omgås imod enhver Kristi befaling.

For den, som har den rette, kristne tro, kan ikke høre nogen privatmesse, langt mindre selv holde den; for han kan ikke tåle, at messen skal være et offer og en god gerning, hvormed også en ugudelig kan forsone både sig selv og andre med Gud og erhverve sig nåde. Men da han véd, at præsten i sådan messe ikke har nogen ret tro, heller ikke kan have den, så er han ikke skyldig til at tro andet om sådan messe, end at kun brød og vin er og forbliver der, som jeg ovenfor har sagt. *For hvor der ikke er tro, er Helligånden og dens gerning heller ikke.* Heller ikke bliver der ved sådan messe rakt eller meddelt noget til de kristne eller kirken, så man skulle kunne sige, at selv om Kristi legeme og blod ikke for præstens skyld var til stede, så er det dog der for deres skyld, som modtager nadveren i den rette tro.

Videre! Jeg har selv set og hørt nogle, der besidde en så svag hukommelse, at de, når de fremsiger ordene, ikke tænker på det og ofte ikke véd, om de har fremsagt ordene eller ikke, heller ikke tør de sige dem om igen. Her var angst og nød, her havde teologerne at strikke og lappe, og trøste sig med, at det var nok, at en præst, når han ville begynde at holde messe, havde haft den hensigt og det forsæt at ville fremsige ordene og forvandle; om han derfor siden skulle glemme eller måske ikke komme til at fremsige dem, så havde det dog været hans vilje og mening, og dette skulle var nok; og dermed skulle alligevel Kristi legeme og blod i kraft af den første vilje og hensigt blive til stede. Ak, kære Gud, hvor mange slags måder må en dårlig sag ikke have hjælp på. Der må altid syv løgne med til én løgn, for at den skal ligne sandheden. Men hvad hjælper det at rense pletter, når hud og hår ikke er sundt?

Her vil jeg forsøge, om jeg kan male Djævelen med de rette farver. Kirkens tro eller mening er to slags. Den ene kaldes og er også kirkens rette, sande mening. Den er åbenbar og enhver bekendt og står og er grundet i Skriften. For eksempel, at dåben fjerner synden. Dette mener og holder kirken for vist og meddeler også sådan dåben. Ligeså antager og mener den også, at *i brød og vin* rækkes Kristi legeme og blod, *hvis man omgås dermed efter Kristi indstiftelse og befaling.* Kort sagt: Denne kirkens mening kan ikke fejle, for den holder sig til Guds Ord og den himmelfarne Kristi egen mening. Forstået på denne måde er det rettelig talt: Hvad man gør i kirkens mening, det er ret gjort. For dermed er så meget sagt som: Hvad man gør efter Guds Ord og Kristi mening, det er ret gjort.

Hermed have de gamle fædre og lærere trøstet de frygtsomme og svage kristne, ligesom Paulus lærer i Romerbrevet 14 og 15, at man skal antage sig dem, som er skrøbelige i troen, og at vi stærke skal bære de svage. Sådan, når jeg skulle døbe, og min svage tro anfægtede mig med tvivl, om jeg da også meddelte den rette dåb, hvori den, som døbtes af mig, kunne blive fri og ren fra synd, fordi jo dåben er en så stor ting og jeg et ringe, stakkels, syndigt menneske? Her skal min broder eller jeg selv formane mig og sige: om jeg end er uværdig og har svært ved at tro, at sådanne store ting ske ved min døben, så véd jeg dog vist, at kirken antager og mener alt dette om dåben; derfor vil jeg med glæde døbe i denne kirkens mening.

Og for at tale om det i korthed, er denne kirkens mening næsten så meget som kirkens eksempel, hvormed en svag kristen bliver styrket og bedret. For ligesom et slet eksempel svækker og forarger troen, sådan opbygger og styrker på den anden side et godt eksempel. Som når mange kristne på en gang ville lade sig martre for Kristi skyld, da skal en nok blive modig til at lide med, som ellers, når han var alene, måske ville være for bange og fornægte Kristus. Sådan kan en også modtage dåben og nadveren og al slags trøst, selv om han er skrøbelig i troen, når han ser, hører eller betænker, hvor fast og vist andre tro og gør dette, og at hele kirken heri ikke tvivler eller vakler. Men her er, som sagt, vel at lægge mærke til, at denne kirkens mening bør være åbenbar og kendes godt af den svage, som derefter vil rette og styrke sig. For det skal være et eksempel på en tro, som ikke ligger hemmelig skjult i hjertet, men beviser og kundgør sig i det ydre. Dette siger jeg for den anden menings skyld, som nu følger, så at vi ikke skal forvilde os i samme dunkelhed og mørke.

Den anden kirkens mening er den, som man gør sig selv uden for den første mening og benævner og kalder med det navn „kirkens mening", mens den dog ikke er det, men er idel menneskepåfund, opspundet uden for Skriften, prydet med kirkens navn. Som når en pilgrim siger: jeg vil gå til Rom eller Jakobs i kirkens tro og mening. Fremdeles, når paven og biskopperne meddeler aflad og siger, at de gør det i kirkens mening, når de med messer, vigilier, almisser og sjælebad osv. udløser sjælene af skærsilden, når de opretter helligdomme, indvier kapeller, klokker, stene, når de indvier eller bliver munke og nonner, når de stifter vinkelmesser og ordinerer privatpræster, når de indvier røgelse, vin, salt, flæsk, fladbrød, palmer og deslige. At nu sådanne stykker, hvoraf der er utalligt mange, samtlige er blevet til trosartikler under pavedømmet, er kommet deraf, at man har kunnet sige: jeg gør det i kirkens tro og mening. Hvem der har kunnet sige eller tænke sådanne ord, har truffet det og har ikke kunnet fejle; for det er vist, at kirken ikke kan fejle. Her har det slet ikke været nødvendigt at ransage og spørge, hvad kirken i sådanne stykker mener eller ikke; men det er end den dag i dag nok, at man siger disse ord: jeg gør det i kirkens mening, da har man gjort alt ret og vel på en kristelig måde og kan ikke fejle eller fare vild.

Er dette ikke smukt og vel udtydet med forståelse af, hvad der er kirkens mening? Den rette kirkens mening er et eksempel, ja sandhedens grundvold og piller i Guds Ord, hvorefter enhver kristen, især de svage og frygtsomme skulle rette og styrke sig. Denne derimod er et eget, vilkårligt menneskepåfund uden for og uden Guds Ord, hvorefter kirken skal rette sig og holde sig; det kan man kalde, at her lærer ægget hønen, og lerkarret pottemageren. Kirkens meninger, hvad den foreholder og lærer os af Guds Ord, som vi skal følge; men her hedder det: hvad du og jeg uden Guds Ord foreholde og lære kirken, det skal den følge, og sådan går vognen foran hestene; hvordan skulle man med sådan kørsel komme på vildsti eller forfejle vejen til Himlen? Her ser du tydelig Djævelens farve og hans forstillelse, der som en kløgtig sofist og mester i alskens bedrageri og løgn har indført og forøget alle sine vederstyggeligheder under kirkens navn og mening. Nu, hør videre, vi vil se ham endnu bedre.

Da de på denne måde havde forklaret dette sprog, fandt de det rette hul, som førte ud af kirken, og kom så sikre fristed, som de gerne ville have. For det første behøvede de ikke at bekymre sig om, hvordan de skulle tro og blive fromme, samt hvordan de for sin person skulle leve og gøre efter Guds Ord, og man kunne sige: hvorfor behøver jeg at tro og gøre efter Guds Ord eller blive from? Det er jo nok og ret alligevel, når jeg gør det i kirkens mening, så kan det ikke slå fejl; jeg er fri, løs og ledig fra den bekymring, hvordan jeg skal blive troende og hellig; man må dog vel antage alt af mig for ret og helligt, når jeg kun fører ordet, kirkens mening, i munden.

For det andet, hvad der er endnu værre, gjorde de hermed ikke alene sig selv for sit eget vedkommende fri og løs fra den fornødne lydighed mod Guds Ord, men tog også deraf magt og ret til at drive og tvinge alle andre kristne, så at alt, hvad som helst de ville optænke, sige, lære og befale, måtte af kirken anses for ret og holdes for trosartikler. For kirkens navn og dens mening forskrækkede enhver, fordi ingen ville gøre imod kirkens mening, her blev vi gode kammerater og ypperlige venner. For *da den store dæmning blev brudt og Guds Ord, den rette kirkens mening, var borte,* hvad andet kunne der vel da bryde ind end en syndflod af alskens menneskelære, det er: løgn, vildfarelse, afguderi og vederstyggelighed?

Her ser du ret Antikrist sidde i Guds tempel og vederstyggeligheden stå på hellige sted, hvilken ved Djævelens virkning har ødelagt Guds Ord, som Paulus siger, og i stedet derfor oprettet sine løgne og vederstyggeligheder, det er, sat sig i Guds sted, gjort sig til Gud og vist sig sådan, som om han var Gud. Hvad andet giver denne falske, opdigtede, bespottelige kirkens mening uden denne frihed, at de kunne leve uden Guds Ord sikre, som de ville, og i stedet for samme lære og byde i kirken, hvad de drømmer eller finder for godt? De behøver ikke at gøre mere end at føre med sig kirkens navn og sige: Vi gør det alt sammen i kirkens mening; sådan er det store røveri og optrækkeri, som man kaldte aflad, trængt ind under just dette påskud, at de hellige

24

fædre solgte den, og folket måtte købe den i kirkens mening; med dette navn måtte det kaldes en sand, velsignet, stor nåde, at ved det også sjælene fare lige til Himlen, mens dog kirken intet vidste af sådan mening, men troede og tænkte at blive salig ikke ved nogen gerning, enten den var gjort eller købt af andre, ligesom afladen var, men ved Jesus Kristus, uden fortjeneste, langt mindre ved penge. Sådan grov, gruelig stor forførelse af utallige sjæle tilligemed det, overstrømmende rov og tyveri af gods ligger på papisternes sjæle; og da de véd dette og dog ikke ydmyger sig eller gør bod, så vidner dette ene stykke tilstrækkelig om, hvad de er for folk, som ler og glæder sig over denne kristenhedens skade. Men Antikrist må vise sig antikristelig.

Videre i denne mening er valfarterne opkommet og begavede med aflad, ligeså skærsilden, helgendyrkelsen, klostervæsenet og deslige helveds mordgruber uden tal, hvorved sjælene ynkelig er forført og verdens gods gruelig blevet opslugt. For intet af dette gør de bod, men myrder endog oven i købet dem, som siger dem sandheden, og for igen at komme til vore sager, i denne kirkens mening er også privatmesserne opkommet, holdt, solgt og meddelt for penge som menneskeværk og offer. Men hvordan skulle de bestå på hin dag, når den hellige kirke vil lade sig åbenbart forlyde med, at den aldrig har vidst noget om denne mening, men at den er en skammelig løgn af Antikrist, som ved Djævelens virkning er blevet kraftig til den vantro og utaknemmelige verdens forførelse og straf? For sådanne løgne begynder, Gud ske lov, allerede at blive åbenbare også her på jorden hos de sande kristne som forløbere for den yderste dom, da de ganske skal blive afslørede og fordømt for alles øjne, både de helliges og de fordømtes.

Her vil man foreholde mig og sige: på denne måde vil du heller ikke lade os beholde nogen prædikant, sjælesørger eller noget præsteembede og endog afskaffe nadveren, som hidtil har været brugt under paven, og gøre det blot til brød og vin. For ingen præst har af biskopperne været ordineret uden til privatmesserne, det ligger åbenbart for dagen. Har vi da ikke haft nogen ret præst eller nadver, så er ingen kristenhed eller kirke blevet stående. Dette er stik imod den artikel: jeg tror på en hellig kristen kirke, og imod Kristi ord: jeg er hos jer indtil verdens ende osv. Dertil svarer jeg sådan:

For det første, kirken eller kristenheden er blevet og må blive stående, det er det første og er visselig sandt.

For det andet er det også sandt, at *aldrig har nogen præst under pavedømmet været ordineret til sjælesørger eller prædikant, men alene til privatpræst;* dette kan ingen nægte. For hvis nogen skulle blive en sjælesørger eller prædikant, var det ikke nok, at han var ordineret og havde modtaget salvelse, men han måtte også kaldes eller bestilles på ny og lade sig placere og indsætte til få overdraget og modtage dette præsteembede eller måtte i forvejen have det som en titel før sin vielse; for heller ikke nogen privatpræst ville de ordinere, med mindre han havde en titel, det er et præsteembede, len eller i det mindste kost hos en adelsmand eller borger for at holde de samme huse hellige og rene, stik imod kyskhed, tugt og ære, som ordsproget siger: vil du beholde dit hus rent, så lad præster og munke blive udenfor.

Her vil vi nu skelne og se Guds tempel, i hvilket Antikrist sidder, og det hellige sted, inden for hvilket vederstyggeligheden står. Som sagt, er dette vist, at biskoppen ikke indvier nogen til sjælesorger eller prædikant, men kun privatpræster til privatmessen. Ja, det er ham ligeså strengt forbudt efter vielsen som før at understå sig uden særlig ny befaling og kaldelse at prædike offentlig i kirken og sognet. Og sådan er vielsen eller salvingen ganske forskellig fra ordination eller kaldelse til det almindelige kristne prædike og sjælesørgerembede, skønt de har overholdt denne regel, at de ikke har kaldet nogen uindviet til sjælesorger eller prædikant, men kun taget nogle af den indviede hob dertil.

Nu, denne deres skik og brug at ordinere præster uden præstekald og dog ikke ordinere nogen til sjælesørger uden vielse gør det ikke til nogen trosartikel for os, at det derfor må være sådan. Os er det for nærværende nok, at deres vielse ikke ordinerer nogen til sjælesørger eller til et kristent embede i de kristnes menighed, men kun til privatpræst. Hvad er nu dette for en vielse eller et præstedømme, som lader de almindelige kristne hverken få dåb, nadver, trøst, absolution, prædiken eller nogen slags sjælesorg eller embede? For hvem indvies eller ordineres de? For kirken? Jo vist, for dem selv og deres bug alene indvies de, for at de kan være vederstyggeligheden på hellig sted. Kirken erfarer aldrig, om de bliver indviet, eller hvordan de bliver indviet; for den får deraf intet uden en skammelig bedrager, som vil sælge den sin messe og gerning til salighed: men en sådan ønsker kirken sig ikke og skal heller ikke ønske sig ham.

Nu er den samme hellige kirke det hellige sted, hvor vederstyggeligheden står; for der har Gud med magt og undere sørget for, at for det første ikke des mindre den hellige dåb er bibeholdt under paven; dernæst på prædikestolen det hellige evangeliums tekst i ethvert lands sprog; for det tredje den hellige syndsforladelse og absolution både i skriftemålet og offentligt; for det fjerde det hellige alterets sakramente, som man i påsken og på andre tider af året har meddelt de kristne, skønt de har røvet den ene skikkelse; for det femte kaldelsen eller ordinationen til præsteembedet, prædikeembedet eller sjælesorgen til at binde og løse synderne og til at trøste i dødsstunden og ellers; for hos mange er den skik vedblevet, at man har holdt krucifikset frem for de døende og erindret dem om Kristi lidelse, på hvilken de skulle forlade sig osv.; til sidst også bønnen, såsom Salmerne, Fadervor, Trosbekendelsen og De Ti Bud; fremdeles mange gode sange og salmer, både latinske og tyske. Hvor nu disse stykker endnu er bevaret, er også visselig kirken og nogle hellige blevet bevaret; for det er alt sammen Kristi ordning og frugter, når undtages, at den ene skikkelse i nadveren er røvet. Derfor har visselig Kristus været her hos sine med sin Helligånd og i dem opholdt den kristne tro

Skønt alt er slet i skrøbelighed, ligesom på Elias' tid, da syv tusinde blev opholdt i sådan skrøbelighed, at Elias selv mente, at han alene var en kristen. For så kraftig, som Kristus har måttet opholde dåben imod så mange slags gerninger og sekter og evangeliets tekst og de andre ovennævnte stykker imod så mange slags vranglærdomme om helgener, om aflad osv., så kraftig har han måttet opholde hjerterne, at de under så meget forargeligt væsen ikke mistede eller glemte sin dåb, evangelium osv. Han har også kraftig måttet tilgive og se igennem fingre, hvor hans kristne sommetider er faldet og blevet bedraget, ligesom han har måttet tilgive Peter og apostlene deres fornægtelse. Men især har han måttet holde sin arme kirke til gode, at den uden sin vilje har måttet undvære den ene skikkelse af nadveren, fordi den med magt er blevet den berøvet. Og om de end gennem hele sit liv have været forført, så har han dog til sidst udrevet dem som ud af en ild, som f.eks. Bernhard, Gregorius, Bonaventura, ligesom han også tidligere gjorde med Israels og Judas konger, som i levned havde været onde. Han bekender selv, at der ville blive en farlig tid, at vederstyggeligheden ville ødelægge alt, og at hans udvalgte skulle forføres; men fordi de er udvalgt, er de nådens børn, og ingen synd må skade dem, den var nu så stor, mangfoldig eller lang, som den være vil. Kristus, deres frelser, er større og mere end alt. Han er vedblevet at være hellig for dem, hvor de er blevet syndere.

På dette hellige sted står nu Djævelens vederstyggelighed så overmåde nøje indblandet i samme, at det uden Helligånden ikke er muligt at skelne den fra det hellige sted. Men på dens frugter lærer Ånden os at kende den. Og for at begynde nedenfra, står der for det første den vederstyggelige hob af privatpræster med sin privatmesse og de, som hænger ved dem. Disse præster gør intet af de ovennævnte stykker, som Kristus har anordnet til kirkens opretholdelse. De prædiker ikke, døber ikke, meddeler ikke nadveren, absolverer ikke, beder ikke, men opremser og mumler kun ord fra Salmerne. De har intet sjælesørgerembede, heller ikke har de noget at gøre hos de døende, men er unyttige, lade, ledige tjenere, som mener, at de alene forretter nadveren og sælger det som et offer og en gerning og fortærer derfor både de kristnes og ikke-kristnes gods.

Dernæst har enhver hob sin privatbiskop. Samme biskopper gør heller ikke noget af ovennævnte stykker. Ikke prædiker de, ikke døber de, ikke meddeler de kirken nadveren, ikke absolverer de, ikke beder de, ikke sørger de for sjælene og ordinerer ingen til sjælesørger eller prædikant; men de indvier blot sine privatpræster. Når de har gjort dette, er de siden lutter verdslige fyrster og herrer. Alligevel kalder de sig kirkens biskopper. Og så meget større og højere de er end privat-præsterne, så meget værre og skadelige er de på det hellige sted.

Derefter har hver afdeling af disse privatbiskopper, som man kalder lokalbiskopper, sin ærkebiskop over sig, ærkebiskopperne en primas over sig, primasserne en patriark over sig, og til sidst, øverst er paven. Her sidder rottekongen. Dette er det skønne monarki eller, som de gerne kalder det, hierarki, den hellige, kristne kirke. Alle disse gør heller ikke noget af ovennævnte stykker; ikke prædiker de, ikke døber de, ikke meddeler de nadveren, ikke absolverer de, ikke beder de, ikke øver de sjælesorg; for sådanne dårlige embeder, som Guds Søn selv og hans højeste hellige har udøvet, over hvilke endog englene glæder sig, er for slette og ringe for sådanne store herrer. Alligevel kaldes de fædre og alle Guds tjeneres tjenere, og et kendetegn herpå er dette, at den største part ikke véd, hvad disse stykker og embeder er. Nogle kan ikke engang De Ti Bud eller Trosbekendelsen, som dog børnene kan. Det er et folk for sig selv, som sidder på hellig sted og gør dog kirken ikke en eneste tjeneste, som de på embedes og navns vegne er skyldige. Det kan man kalde afgudshyrder, som forlader sin hjord, som Zakarias siger i 11, 27.

Men, o Herre Gud, hvor skulle ikke vi stakkels kristne ret gerne af hjertet være tilfredse og ganske ydmygt takke for, at de ikke vil bevise kirken nogen nytte eller tjeneste, hvis de kun ville vedblive at være herrer, fyrster og dovne vomme, leve og gøre for sig selv, hvad de vil, holde privatmesser, ordinere privatpræster og fremdeles vedblive at være privatbiskopper, så meget de lystede, når de blot ikke ville gøre kirken skade, ikke ødelægge Kristi ordning og ord og lade andre lære og gøre, hvad der er nødvendigt og til gavn for kirken. Men det går ikke an, de må svare til sit navn "modstandere", som Paulus kalder dem (2 Thess 2, 4), og "antikristus'er", som Johannes kalder dem (1 Joh 2, 18), ligesom også Daniel tidligere har spået, at Antikrist skal sætte sig op imod alt, så at de ikke skulle være en blot unyttig hob i kirken, men også fjender og fordærvere. Dette vil vi se i alle ovennævnte stykker og begynde med deres største og bedste gerninger, nemlig deres privatmesse og vielse, på hvilke de står og trodser som ret særlige helgener frem for alle andre kristne.

For det første, imod alterets sakramente, som Kristus har forordnet at meddele hans kirke og kristne til dermed at styrke deres tro og hans erkendelse, har de handlet sådan, at privatmessen, som dog kun er lutter menneskepåfund, har måttet gælde for langt kosteligere end den fælles modtagelse af nadveren, hvilken dog er Kristi indstiftelse og ordning. For hvem, som er gået til nadveren, har ikke kunnet ofre det, heller ikke ligesom en privatpræst forrette eller sælge det som en gerning for andre, men har kun for sig selv alene måttet modtage det. Her er et stort skin og en høj ære tilfaldet privatmesserne, derimod en ringe, ja næsten slet ingen anseelse levnet nadveren og dets modtagelse, uden hvad Kristus, som ovenfor sagt, på underfuld måde har vedligeholdt i sine udvalgte. Hermed er nadveren, så vidt det stod til papisterne og privatpræsterne, blevet tilintetgjort. For foruden at de har gjort det ringere end sine messer, har de heller ikke undervist folket om, hvordan de skulle modtage det i troen til trøst og styrkelse for samvittigheden, men har blot ængstet og plaget dem med, hvordan de værdig skulle modtage det og dermed også lært dem at gøre det til en gerning, hvormed de udvise lydighed mod kirken, men som dog aldrig agtedes lige med deres privatmessers offer og gerning, for at de kunne meddele og sælge disse til hjælp for det stakkels folk. Sådan er modtagelsen af nadveren i kirken, for så vidt Kristus ikke på en underfuld måde har virket med hos sine, blevet til en lille lydighedsgerning, hvormed, som de praler, en lægmand gør kirken fyldest, hvilket dog er stik imod Kristi ordning og mening; men de, privatmessens herrer, er blevet til Kristus og har med sit offer og med sin gerning kunnet forsone de arme syndere med Gud. Denne fæle vederstyggelighed og djævel ligger klart for dagen, og ingen kan nægte det; stiftelser, kirker og alle skikke vidner om, hvor såre herlig og skøn privatmessen er agtet, og hvor aldeles intet den ringe gerning at modtage nadveren holdes for at være.

Sådan har den gruelige hob, papisterne, ikke alene ikke meddelt nogen nadveren, men også raset imod meddelelsen og modtagelsen,

hindret troen hos folket, forvendt det til et foragtet, ringe lægmands-
værk og med sit offer og sin gerning sat sig højt over det og derimod,
så at nadveren kunne betages al sin kraft og styrke (skønt Kristus har
opholdt sine). Og for at det ret til fulde måtte blive en foragtet, dunkel,
ringe gerning, har de berøvet det den ene skikkelse, så at endelig deres
vederstyggelighed måtte svæve så højt som muligt i lyset og i ære.

Men jeg sætter, at det var ret at modtage den ene skikkelse (som det
ikke er), hvorfra kommer da den frækhed, at de også kalder det uret at
modtage begge skikkelser, forbyder samme som kætteri og forjager
folk, ja brænder og myrder dem derfor, da det dog i evangeliet og hos
Paulus er klart og vist, at det er Kristi ord og mening? Hvad er det for
folk, som offentlig og uforskammet forbyder og fordømmer, udskæl-
der for kætter og sådan ødelægger og fordrejer Kristus selv og hans ord
tilligemed den hele første kristenhed, som enigt efter Kristi ordning
har holdt begge skikkelser for ret og kristelig? På den anden side tilla-
der de bøhmerne, og hvem de vil, denne af dem fordømte, forbandede
og forfulgte artikel som ret og kristelig, og Kristus må sådan på samme
tid hos dem være en engel og en djævel, og hvilken som helst, de finder
for godt. Alene dette stykke vidner tilstrækkelig, så at endog sten og
træ kunne mærke det, om, at papisterne er den rette ærkevederstygge-
lighed på hellig sted og den egentlige kirke for satan af helvede til at
ødelægge Kristus og hans kirke. Hvad skulle de ikke gøre i flere andre
stykker, når de heri bærer sig så uforskammet og rasende ad mod Kri-
stus?

Se, dette er den første frugt, hvorpå man kan kende den gruelige
vederstyggelighed på hellig sted, at de nemlig gør nadveren til privat-
messe og ikke meddeler kirken det. For det andet, at de gør det til et
offer og en gerning og sælger det til de kristne for penge. For det tredje,
at de af begge skikkelser røver den ene og for denne sags skyld fordøm-
mer de kristne som kættere og forfølger dem, men derimod tillader
andre det samme som ret. For det fjerde, at de for lægfolket gør også
den ene skikkelse til en gerning, og det til en ringe og foragtet gerning
i sammenligning med sin messe, og derhos ikke lader det lære nogen
tro. Det kan man kalde at ødelægge og fordreje det hellige sakramente.

Se, det er et lille stykke af Antikrist, som har ophøjet sig over og imod Kristus og hans ord og sidder i Guds tempel, så vidt som kristenheden går.

For det andet har de raset og taget sådan af sted mod dåben, at de næsten har berøvet også den al dens kraft og ære; jeg vil nu ikke tale om, at de ikke døber nogen i kirken, skønt de indtil denne dag endnu ikke forstår, heller ikke kan forstå, hvad dåben er. Hvem, som nu er døbt og har kunnet holde på dåben eller komme tilbage til den igen, en sådan har været et Kristi under, ligesom alle hans udvalgte er det. Den anden hob derimod er dåben på grund af pavens vederstyggelighed blevet frataget og tilintetgjort, for det første, fordi de ikke alene *har tiet med troen og med dåbens rette brug eller betydning*, hvoraf de blinde ledere slet intet forstod, men også imod samme har lært mangt og meget om gerninger, anger, skrifte og fyldestgørelse, som samvittighederne skulle stole på og ved det glemme sin dåb. Dernæst, fordi de har lært om privatmesser, munkedåb, valfarter, aflad, helgendyrkelse og deslige utallige menneskepåfund, for ved det at erhverve forladelse, til stor forsmædelse for og forglemmelse af dåben og Kristi blod.

Desuden begynde nu nogle af dem igen på en uforskammet måde at prædike den bespottelige lære, at Kristus kun har gjort fyldest for arvesynden og de tidligere synder; de følgende synder derimod må vi selv gøre fyldest for. Det kan man kalde på en fin og grundig måde at gøre de kristne til tyrker og hedninger, uagtet Johannes siger i sit første brevs første kapitel om alle kristne og om sig selv, at hvis vi vandrer i lyset, renser Jesu Kristi, hans søns, blod os fra al synd, og i første brevs andet kapitel: hvis nogen synder, har vi en talsmand hos faderen, Jesus Kristus den retfærdige; og han er en forsoning for vore synder, dog ikke alene for vore, men også for den ganske verdens. Og brevet til hebræerne fremhæver såre herligt Kristi evige præstedømme, hvordan han står der hos Gud i vores sted. Og Paulus siger i det ottende kapitel til romerne: Kristus træder frem for os hos Faderen. Men hvordan skulle sådanne blinde ledere og dåbsskændere forstå sig på disse ting?

De allerbedste blandt dem har lært og lærer endnu, at gerningerne eller kærligheden giver troen kraft og skikkelse, som de siger: "fides formata" [den udformede tro] og "charitas est forma fidei" [kærligheden er troens form]. De anfører såre fortræffelig Paulus' ord i Gal 5, 6: "I Kristus Jesus gælder hverken omskærelse eller forhud, men troen, som er virksom ved kærlighed". Ved det forstår de, at troen ikke erhverver nåde og salighed før gerningerne kommer til, men ved gerningerne. Skønt Paulus her ikke taler om, hvad troen er eller gør i sin egen gerning, som han tidligere rigelig har lært i hele brevet, heller ikke, hvad kærligheden er eller gør, men *sammenfatter i korthed, hvad et kristent liv i sin helhed skal være*, nemlig tro og kærlighed: tro på Gud, som griber Kristus og uden nogen gerning modtager syndernes forladelse, dernæst kærlighed til næsten, der som troens frugt beviser, at troen er ret og ikke doven eller falsk, men virksom og levende.

Derfor siger han ikke, at kærligheden er virksom, men at *troen er virksom*; at troen udøver kærlighed og gør den virksom, og ikke kærligheden troen, ligesom *papisterne fordrejer det* og sådan tilskriver kærligheden alt og troen intet, Men Paulus tilskriver troen alt, da den ikke alene *modtager* nåden af Gud, men også *er virksom* mod næsten og føder og virker kærlighed eller gerninger. Nu er jo al lære, som henviser os til gerninger, imod dåben, i hvilken vi uden gerning modtage maden og evindelig skulle beholde den, sådan som Paulus alle vegne kraftig driver på.

Men især er det en af de rette vederstyggeligheder imod kærligheden og den salige dåb, at de roser sig af, at de med deres salvning og vielse gør præster i den hellige kirke, og at det er en langt, langt højere og helligere stand end den, dåben giver. For en ordineret og med olie salvet præst er i sammenligning med andre døbte, almindelige kristne som morgenstjernen i sammenligning med en rygende væge, og dåben, i hvilken vi er renset med Kristi eget blod og salvet med hans Helligånden til det evige liv, må i sammenligning med den smudsige salvelse eller olie, som er kommet i brug ved mennesker uden Guds Ord og befaling, skinne ligesom møg i lygten i sammenligning med solen; og dog bliver man ikke med denne salvelse salvet til det evige liv, men blot til privatmessen. Hertil hjælpe kronragningen og den særegne klædning samt navnet gejstlig, som om de alene var Kristi ejendom. Endvidere efter deres påfund "karakteren", det åndelige mærke i sjælen, som ingen almindelig kristen skal have, men blot de viede præster. Fremdeles den højtidelige pomp, når man har skullet degradere en præst, hvorved mange biskopper, undertiden vel syv, har måttet være til stede, skønt blot en har ordineret ham; alligevel har de med sådan prægtig degradering ikke kunnet berøve ham karakteren.

Disse er de rette, prægtige ord og kraftige virkninger af Djævelen, hvorved den hellige dåbs herlighed og kraft er svækket, så at dens åndelige Gudsalve, som er Helligånden selv, slet ikke har måttet betyde noget mod papisternes legemlige og timelige salvelse, der er opfundet ved menneskeandagt. Dåben har med Kristi blod og Helligåndens salvelse ikke kunnet vie eller gøre nogen til præst; men en pavelig biskop har med sit stinkende og hæslige salve kunnet vie og gøre præster. I frække, fordømte narre og blinde ledere, hvor såre skændigt bespotter I ikke hermed vores hellige dåb, Kristi blod og Helligåndens salvelse og henviser os derimod med jeres legemlige og timelige salvelse, som dog er lutter mennesketant og hverken har Guds bud eller befaling, til jeres intetsigende, skadelige, vederstyggelige privatvielse, som alene indvier til privatmessen.

De kære, hellige fædre vil jeg undskylde, og man bør også undskylde dem, når også de har indviet eller ordineret med salvelse og kaldet de af dem viede personer præster eller gejstlige; for dermed har de ikke viet nogen privatpræst til at holde privatmesser; men når de har kaldet nogen til det rette kristne præste- eller sjælesørgerembede, har de med sådan pomp villet pryde og afmale dette kald for menigheden for at adskille dem fra de andre, som ikke have fået sådant kald, så at enhver kunne blive forvisset om og vide, hvilke personer der skulle forvalte dette embede og havde befaling til at døbe, prædike osv. *For skal det gå rigtigt til, da skal og kan vielsen i grunden ikke være andet end en kaldelse eller befaling til at røgte sjælesørger eller prædikeembedet.*

Apostlene har uden salvelse blot lagt hænderne på hovedet og bedt over dem, som de kaldte eller sendte til embedet, ligesom det i ApG 13 skete med Paulus og Barnabas, og som Paulus lærer Timotheus, at han ikke hurtigt skal lægge hænder på nogen (1 Tim 5, 22). De kære fædre har forøget disse ceremonier med salvelse og deslige osv. og har ment det vel. Men med menneskeandagt og god mening går det altid sådan, at der senere bliver forargelse, vildfarelse og afguderi deraf, hvis ikke fædrenes ånd følger med og bliver derhos, ligesom dette er sket i mange flere stykker. Sådan er det også med denne fædrenes gode mening og deres vielse kommet derhen, at dåben og Kristus ved det er svækket og fordunklet, og den er ikke mere vedblevet at være vielse til kald eller sjælesørgerembede, men den er blevet til en privatvielse til at ordinere privatpræster til privatmessen og nu endelig til et rigtigt skelnemærke og kendetegn mellem de sande kristne og Djævelens præster. For de tjener ikke kirken, men de er den vederstyggelighed, som forstyrrer og ødelægger alt på hellig sted.

Derimod skal du på den anden side holde din dåb højt og prise den, så meget du kan, for atter at svække og tilintetgøre den skændige vederstyggelighed. For i kristenheden kommer det ikke an på at gøre eller ordinere præster. Salvelse og biskop, siger jeg, gør os ikke til præster, heller ikke vil vi af dem blive det eller have dem. Atter siger jeg: *Hvis vi ikke i forvejen er sande præster uden salvelse og biskop, så gør biskoppen og hans salvelse os aldrig nogensinde til præster.* Masker og fastelavnspræster kan han nok gøre af os, ligesom han selv er en fastelavnsbiskop og maske, og ligesom børn i en leg forestille konger, jomfruer og andre personer, eller masker. *Vi vil ikke være eller kaldes gjorte, men fødte præster* og vil have vores præstedømme arveligt ved vores fødsel fra fader og moder; for vores fader er den rette præst og yppersterpræst, som skrevet står i Salme 110: "Herren svor, og angrer det ikke: Du er en præst evindelig på Melkisedeks vis". Dette har han også bevist ved at ofre sig selv på korset for os osv. Den samme præst eller biskop har nu en brud, en præstinde eller bispinde, som skrevet står (Joh 3, 29): "Den, som har bruden, er brudgommen".

Af denne brudgom og brud er vi født ved den hellige dåb og sådan ved arv blevet til sande præster i kristenheden, helligede ved hans blod og indviede ved hans Helligånd ligesom Peter i 1 Pet 2, 9 kalder os: "I er et kongeligt præsteskab til at ofre åndelige ofre". Og ligesom også Paulus berømmer os i Rom 12, 1 som sådanne, der er præster; for han byder os at ofre vore legemer til et helligt, levende, velbehageligt offer. Nu er det alene præsternes embede at ofre til Gud, ligesom paven selv og al verden må bekende. Desuden er vi ikke alene hans børn, men også hans brødre, som han siger i Salme 22, 23: "Jeg vil fortælle dit navn for mine brødre; og i Matt 12, 50: "Den, som gør min faders vilje, er min moder, søster og broder", så vi ikke alene ifølge barneretten, men også ifølge broderretten er præster.

Dette vores *medfødte og arvelige præstedømme* vil vi ikke skal blive os frataget, hindret og fordunklet, men draget frem for lyset, udråbt og berømmet med al ære, at det må lyse og skinne som den kære sol og stikke Djævelen samt hans masker og vederstyggeligheder i øjnene, så at hans privatvielse og salvelse ved siden heraf må skinne og stinke værre end djævleskarn. Derfor har Helligånden også i det nye testamente med flid sørget for, at navnet sacerdos, præst eller pastor heller ikke er tillagt nogen apostel eller nogle andre embeder, men er alene de døbtes eller kristnes navn, som et medfødt, arveligt navn, skænket i dåben. *For ingen af os fødes i dåben til en apostel, prædikant, lærer, sjælesørger, men vi fødes der alle til lutter præster og pastorer; derefter tager man af sådanne fødte præster nogle og kalder eller vælger dem til sådanne embeder, for at de på alles vegne skal forrette dette embede.*

Dette er begrundelsen i disse sager, som ingen kan omstøde. Og hvis den pavelige vielse ville gøre det, som er ret, skulle den intet andet gøre end kalde sådanne fødte præster til sjælesørgerembedet og ikke gøre nye, helligere og bedre præster, end de døbte kristne er. Se, dette er, som sagt, det andet stykke, hvormed de har skændet, fordunklet og svækket vores dåb, dertil så skændigt og skammeligt underkuet og skjult for os denne vores herlige, evige, medfødte, arvelige, præstelige ære og i stedet derfor fremstillet os sin døde, hæslige salvelse så højt og herligt, at vi ikke har frygtet og æret Gud selv så rent som dette deres

36

intetsigende maske og fastelavnsspil. Men at fædrene har kaldet de af dem indviede personer sacerdot, og at dette sådan er kommet i brug, det skal man, siger jeg, holde dem, som så mange andre ting, til gode. Og hvis det var forblevet ved deres vielse og ordination, så havde navnet ikke gjort nogen skade; for de har ordineret sjælesørgere. Men vederstyggeligheden har beholdt navnet, fordi det var så herligt, forladt fædrenes vielse og i stedet derfor oprettet sin privatvielse og dermed gruelig ødelagt og fordrejet vores rette præstedømme og vores dåb.

Men med det tredje stykke, som er prædikenen, er det gået til sådan: For det første, at de på prædikestolen har oplæst evangeliets tekst og Kristi lidelse. Hermed er Kristi navn og erkendelse blevet vedligeholdt hos hans udvalgte. Ved Guds store magt og under er de opretholdt ved det, som vi skal få at høre, når vi kommer til deres vederstyggeligheder, som de har bedrevet dermed. Og *fordi Guds Ord er det største, nødvendigste og højeste stykke i kristenheden - for sakramenterne kan ikke være uden ordet, men ordet kan godt være uden sakramenterne,* og til nød kan man blive frelst uden sakramenterne, men ikke uden ordet, (som de, der dør, før de modtager dåben, som de ønsker) - så har Kristus i denne henseende også gjort des flere og større undere. Nemlig at de frit, offentligt har måttet prædike evangeliets tekst ikke alene i det latinske, men *i hvert lands sprog*, for at det kunne vedblive at være bekendt for al verden og i alle sprog hos de udvalgte, mens de derimod med hemmelige ord, som ingen måtte høre, forrettede nadveren og dåben ikke i noget andet sprog end det latinske.

Også imod dette har de stormet med al magt. For efter evangeliets tekst fører de tilhørerne hen i syvsoverlandet; den ene prædiker ud fra Aristoteles og hedenske bøger, den anden fra kirkeretten; en anden fremsatte spørgsmål af Thomas Aquinas og skolastikerne, en anden prædikede om helgenerne, en anden prædikede om sin hellige orden, en anden om blå ænder, en anden om hønsemælk, hvem kan opregne alt dette? Kort sagt, det var kunsten, at endelig ikke nogen holdt sig til teksten, hvorved folket havde kunnet beholde evangeliet, lære Trosbekendelsen, De Ti Bud, Fadervor og sin stands gerninger; alt dette måtte forties; men ved sådanne narreprædiken måtte man henvise folk til egen gerning og fortjeneste og i deres hjerte kvæle og begrave Kristus (som næppe var blevet forstået af evangeliets tekst).

Derfor er også al verden blevet så fuld af stiftelser, klostre, kirker og kapeller, at man nu med al verdens gods og magt ikke kunne opføre halvdelen af det, som den falske lære meget let og med lyst har opbygget. En så mægtig, rig kejserinde er løgnen eller den falske lære i verden. Ved siden deraf havde sandheden og evangeliet ikke det, hvortil den kunne hvile sit hoved og for tørst og sult måtte drikke malurt og eddike og til sidst kors og hån som løn. Alt dette fik det hellige sted fra deres vederstyggelighed. Og pave, biskopper og præster afværgede det ikke, men så gerne til og hjalp med at udføre det. Sig mig: Hvem kunne blive ved evangeliet eller komme tilbage til det, uden den, som er Kristi store underværk, som alle hans udvalgte er.

Da det nu ikke var nok for djævelen, at man stormede således imod evangeliets tekst, og han derved ikke kunne udrydde evangeliets tekst i bund og grund, for han frem og satte sin vederstyggelighed ikke alene imod, men også over evangeliet, således som Paulus og tidligere Daniel have forkyndt, nemlig at Antikrist skulle sætte sig i Guds tempel imod og over alt, hvad der kaldes gud og gudsdyrkelse, hvilket også er sket således. Pavens bud og lærdomme, som slet ikke prædiker noget om Kristi tro, som evangeliet gør, men alene om lydighed mod ham i legemlige, ringe, lette ting, såsom at spise kød, holde helligdag, faste, klæde sig osv., har han drevet og prist langt højere end alt Guds ord, og de er frygtede og holdt højere og har med mere strenghed forskrækket og fanget samvittighederne og gjort helvede langt hedere end både Guds lov og evangelium. Men vantro, gudsbespottelse, ægteskabsbrud, mord, tyveri og hvad mere der er imod Kristus og hans bud, har de agtet ringe, og det har hurtigt været afbødet og tilgivet.

Hvor man derimod har rørt ved et af pavens bud, der måtte det lyne og tordne og kaldes fordømt ulydighed og sættes i pavens band. Her måtte himmel og jord skælve og bæve; men for synderne imod Gud, i hvilke de selv er druknet, rører sig ikke et espeløv; men de drev sin spot dermed og lo endog deraf på grund af sin større sikkerhed, ligesom de endnu gør den dag i dag. Ja de forfølger og myrder på en gruelig måde alle dem, som satte Guds bud over deres vederstyggelig-heds bud. Han vil have Gud og hans ord under sig, og han vil sætte sig over samme, dette er hans regimente og væsen, uden hvilket han ikke kan være Antikrist.

Så vidt har de bragt det, de afskyelige djævlemunde, at de ikke med dunkle ord, men frit og offentlig praler af, at paven og hans kirke er over Den Hellige Skrift, og at han har magt til at forandre, ophæve, forbyde og fortolke samme, som han vil. Og dette var hans håndtering, at han af Den Hellige Skrift kunne gøre, som en pottemager af leret, en krukke eller et krus eller et kar, og hvordan han end gjorde det, så var det en artikel af den kristne tro. Ligesom de endnu den dag i dag gør det med Kristi ord og indstiftelse af sakramentet under begge skikkel-ser: Over Kristi ord og tekst råder han, som en pottemager over sit ler. Hvordan han end gør det, så må man holde det, eller man bliver brændt, myrdet eller bortjaget uden al barmhjertighed.

For de kalder ham en jordisk Gud, som ikke er blot menneske, men en sammenblanding af Gud og menneske. De ville vel gerne endog sige, at han, ligesom Kristus selv, var sand Gud og menneske. Men, Gud ske lov, over sådan skrækkelig bespottelse har solen begyndt at miste sit skin, forhænget i templet splittes, jorden bæver, de dødes grave åbnes, og klipperne revner, der vil blive noget andet af, og det snart osv. På denne frugt, at paven har sat sig imod og over evangeliets tekst, kan man tilstrækkelig kende vederstyggeligheden på hellig sted og godt skelne mellem evangeliet og hans lære (bespottelse ville jeg sige).

Hvad det fjerde stykke angår, nemlig embedet, ordets embede, og kaldelsen til prædike- eller sjælesørgerembedet (som de kalder vielse eller ordination), tror de forvist, at de alene har dette. Ja de kunne vel endog gøre ed og sværge ved sin rottekonge på, at ingen uden deres vielse og salvelse kunne forvandle eller, som de siger, terminere nad-veren, han være nok så hellig. For som de praler, har ikke englene i himlen, end ikke Maria selv, ja end ikke nogen afdød apostel, biskop, martyr, heller ikke hele kristenheden, som ikke er præst, en sådan magt, som en viet præst har, nemlig til at terminere eller forvandle, om han end var ugudelig, ja den værste horkarl, ægteskabsbryder, morder, tyv og kætter på jorden; så stor en kraft har salvningen. Hvad mener du vel ikke, at godt, ferskt majsmør ville virke, når en hæslig salve formår dette. Derfor holdt de også salvning for at være så hellig og herlig (om også præstens person med ganske legeme og sjæl var en amoralsk knægt), at hvis et barn eller en lægmand kom til at røre ved oblaten i munden og med en finger ville løse det fra ganen, så flåede og skrabede de barnets finger og hud (skønt det var døbt og helligt på legeme og sjæl) for den store synds skyld, at en hellig, kristen finger, salvet af Helligånden, havde rørt ved det hellige sakramente.

Og forunderligt er det, at de ikke også har nægtet alle lægfolk, som uindviede, det hele sakramente eller flået og skrabet deres tunge, gane og strube, hvormed de måtte komme til at røre ved det hellige salve, så at den uindviede tunge, gane og strube ikke måtte komme til ved berøringen af nadveren at forsynde sig så dybt som den stakkels finger mod sine flåere og skrabere. Men den hellige, stinkende salve måtte, til den hellige dåbs forsmædelse og vanære, udpyntes sådan med løgn og beklageligt skin, så at endelig vederstyggeligheden alene kunne blive herlig på det hellige sted og få magt til at ophøje en ond, amoralsk knægt til stor ære, noget, Helligåndens salvelse ikke kunne gøre ved sine sande hellige.

Men vi har ovenfor vist, at vielsesbiskopperne med sin vielse ikke kalder nogen sjælesørger eller prædikant, men gør blotte og bare privatpræster til at tilintetgøre Kristi indstiftelse og befaling i det hellige sakramente, sådan som det vil sømme sig for Antikrist og vederstyggeligheden at gøre på det hellige sted. Deraf følger nu klart, at, så meget det har stået til paven og hans biskopper, har de under pavedømmet ladet kaldelsen eller sjælesørger eller prædikeembedet ganske ligge og ikke haft noget sådant. Ja de har ophævet og ødelagt det. For ingen viet privatpræst turde række menigheden nadveren eller prædike, endog Kristi befaling og indstiftelse fordrer det, men har måttet stå der og med gruelige synder mod Kristi befaling og anordning omgås med nadveren, hvis de ellers har haft nadveren og ikke blot vin og brød.

40

For jeg har også ovenfor vist, hvordan det er at befrygte, at intet sakramente er til stede i privatmesserne, men bare brød og vin; ikke heller vidste jeg at bevise dets tilstedeværelse, om jeg end gerne ville gøre det og var en papist. Hvis der ikke var andet i privatmessen end misbrug eller synd, så skulle jeg nok vide at bevise, at alligevel Kristi legeme og blod var der til stede, for *"misbrug ophæver ikke substansen, men substansen tåler misbruget"* (Quia abusus non tollit substantiam, Sed substantia fert abusum). Som når en uværdig modtager nadveren, skønt han dermed synder og misbruger nadveren, så modtager han alligevel Kristi sande legeme og blod.

Men i privatmessen er der ikke alene det misbrug eller synd, at præsten handler og modtager uværdig; men selv om præsten var hellig og værdig, så fjerner de Kristi væsentlige ordning og indstiftelse og laver deres egen ordning (tamen ipsa substantia institutionis Christi sublata est). Kristi ordning og mening er nemlig den, at man skal meddele nadveren og prædike om ham for at styrke troen. Denne ordning ophæver de og vender det alt sammen om. De beholder nadveren for sig selv alene og meddeler ikke nogen det. Fremdeles tier de stille og prædiker ikke for nogen. Heller ikke styrker de nogen kristen i troen, men fører ham fra troen hen til deres messeoffer og gerning, som de meddeler eller sælger dem for penge. Se, dette er ikke alene at synde eller misbruge Kristi ordning, men at *forandre og forvende selve Kristi ordning.* Derfor kan eller skal ingen tro, at Kristi legeme eller blod er der til stede, fordi hans ordning ikke er der. Ligesom når du ville døbe nogen uden vand eller med aske, selv om du talte de rette ord, men denne dåb dog ikke skulle forlade synden, men være et tegn på et godt selskab, se, det er ikke alene at synde imod dåben, men at forandre dåben selv og forvende Kristi mening. Derfor er der ingen dåb til stede. Sådan skal man heller ikke tro, at der i privatmesserne er noget sakramente til stede, fordi Kristi ordning og mening ikke er der, men blot en ny og egen menneskeordning.

Kort sagt, ligesom pavens rasende vederstyggelighed har ødelagt dåben, nadveren og evangeliets prædiken, sådan har han også ved sin skændige privatsalvning ødelagt embedet og kaldelsen til prædike- eller sjælesørgerembedet. Men her har Kristus været til stede med sin magt og under og har alligevel på sit hellige sted bevaret embedet og kaldelsen til prædikeembedet imod den fæle vederstyggelighed; for præstekald eller prædikeembeder har altid uden og med forbigåelse af salvelse været bortgivet ved fyrster, herrer, byer, ja endog af biskopper, abbeder, abbedisser og andre stænder, og ved denne bortgivelse er kaldelsen og den rette vielse til embedet blevet vedligeholdt. Desuden har man også præsenteret sådanne kaldede sjælesørgere, som har modtaget disse tildelinger og embeder, det er, henvist dem til privatbiskopperne og ladet disse investere eller indsætte dem i embedet, skønt dette ikke er kaldelsen eller overdragelsen, men bekræftelsen på denne kaldelse, og ikke har været fornødent. For den kaldede sjælesørger havde nok kunnet røgte sit sjælesørgerembede uden denne bekræftelse, ligesom makkabæerne, som dog var fødte og kaldede præster, for freds skyld ydmygede sig og lod sig bekræfte af Antiokus og Demetris, Syriens konger, som dog var lutter hedninger og deres fjender.

Denne ydmyghed har vi også tilbudt vore antiokus'er og demetris'er, at de skulle have magt til at bekræfte vore sjælesørgere, skønt de var vore fjender, så at de ikke skulle have at klage over, at vi var stolte og ikke ville gøre eller tåle noget for freds og enigheds skyld. Men fordi denne ydmyghed er forsmået af dem, og de uden videre ville have os edelig forpligtede og *tvunget til deres salvelse* og andre vederstyggeligheder og for den sags skyld ihjelslå og plage os, så skal det ikke mere blive så godt for dem herefter. De kan beholde deres vederstyggelighed og salvelse. Vi vil se til at erhverve sjælesørgere og prædikanter af Guds ord *uden deres salvelse, ordineret og stadfæstet ved vores valg og kaldelse.* Og uagtet vi hidtil have tålt privatsalvelsen, vil vi dog herefter for at trodse pavens halsstarrige, ubodfærdige, morderiske, blodtørstige vederstyggelighed igen arbejde mod det mål, at en sjælesørger hos os skal, for at vise forskellen mellem pavens privatvielse og vores kaldelse, gnide de salvede fingre med lud, salt og sæbe, afvaske Antikrists karakter eller kendemærke og lade sin tonsur vokse. Vil privatvierne eller biskopperne ikke holde disse vore kaldede sjælesørgere for viede, så kan de i Djævelens navn lade det være og gå fra væggen, så de ikke støder deres bag.

Paven har selv befalet i sine gejstlige love, skønt det er taget fra de gamle fædre, at man skal holde kætternes vielse eller ordination for en ret vielse og ikke på ny ordinere dem, som var indviede af kættere. Nu er *vi lutheranere* ikke kættere, det må papisterne selv bekende. Derfor skulle de, endog efter deres egen pavelige lov og bud, lade vores vielse og ordination gælde for ret og ikke have nogen tak for det. For vi har Gud ske lov Guds Ord rent og vist, sådan som paven ikke har det. Men hvor Guds Ord er rent og vist, der må det være alt sammen: Guds rige, Kristi rige, Helligånden, dåb, nadver, sjælesørgerembede, prædikeembede, tro, kærlighed, liv og salighed, ligesom Kristus siger: Vi skal komme til ham og tage bolig hos ham; og: Se, jeg er med jer alle dage indtil verdens ende. Men om pavevederstyggeligheden ikke vil holde vores ord for det sande ord, da bekymrer vi os ikke om det. De véd det nok anderledes i sin samvittighed. Vi er alligevel visse på, at vi har Guds Ord.

Og om de foregiver, at de kættere, som de har ordineret, har været biskopper, og at derfor paven og fædrene har antaget deres vielse for gyldig, så er det vel sandt, at de har været biskopper, ikke fyrster eller herrer, men, som Hieronymus beviser af Paulus, har biskop og sognepræst været et og det samme, og mange af disse kættere og ligeså andre biskopper har ikke haft så store præstekald eller, som man kalder det, bispedømmer, som nu en sognepræst i Torgau, Leipzig eller Grimma har. For enhver stad har haft en biskop, ligesom de nu har sognepræster. Og Augustin, som af sin sognepræst eller biskop Valerius blev indviet eller ordineret til præst og efter hans død blev biskop i hans sted, har ikke haft større sognekald end vores kirkesogn i Wittenberg, om det har været så stort. Endda er den samme lille biskop eller sognepræst til Hippo Augustin større i kristenheden, end nogensinde en pave, kardinal eller ærkebiskop er blevet eller kan blive. Og den samme lille sognepræst eller biskop Augustin har indviet og ordineret mange sognepræster eller biskopper i sit lille kirkesogn (da der endnu ikke var nogen viebiskop eller fyrstebiskop, men bare sognepræster), som begæredes og kaldtes af andre byer, ligesom vi må ordinere og sende sådanne i vores kirkesogn i Wittenberg til andre byer, som begærer det og ikke har nogen hos sig. For at ordinere skal og må betyde og være det samme som at kalde og overdrage sjælesørgerembedet. Og denne magt har og må Kristi kirke have uden al salvelse og tonsur, hvor den end er i verden, lige så vel som den må have ordet, dåb, nadver, Ånd og tro.

Kristus skaber nadveren – præsten uddeler den blot

Og her er det atter nødvendigt at lægge mærke til forskellen mellem vederstyggeligheden og det hellige sted. For privatpræsterne farer for højt og for vidt med deres vielse og salve. De foregiver, at det er dém, som *frembringer eller forvandler sakramentet* blot ved at udføre ritualet (quasi ex opero operato). Det vil sige, at de roser sig af en sådan magt, at brødet og vinen straks bliver til Kristi legeme og blod, når de udtaler ordene, på grund af deres salvelse eller vielse (ganske vist ved Guds virkning). Derfor praler de også med, at ikke nogen engel, heller ikke Guds mor eller nogen helgen på jorden, kan forvandle brød og vin. Årsagen er den, at de ikke er viede med salve og ikke har en skaldet præsteisse. Men når man forlanger nogen grund af dem, hvormed de vil bevise, at Gud har bundet sin magt sådan til deres salvelse (som Gud intet kender til) og til deres *automatiske ritualmagi* (opus operatum), så viser de os hen til deres drømmeland og siger, at det er kirkens mening. Dette er fuldkommen nok. Mere behøves der ikke.

Derfor så mærk og vid, at en sådan lære er vederstyggelighedens lære, at en præst i kraft af salvelse eller vielse ved sin tale eller gerning forvandler brødet til Kristi legeme blot ritualet udføres. Det er alt sammen så skammelig løjet og opdigtet, som salvelsen selv er det.

Det hellige sted eller kirken lærer, at hverken nogen præst eller kristen, end ikke den hellige kristne kirke selv, *frembringer* ét eneste sakramente. Vores embede hedder og skal være *ikke at frembringe eller forvandle, men blot at række eller meddele*. En sognepræst eller prædikant frembringer for eksempel ikke evangeliet, og hans ord bliver ikke ved hans prædiken eller embede til evangelium, ellers måtte alt, hvad han kunne tale, være evangelium. Han rækker blot og frembærer evangeliet i sin prædiken. For evangeliet er der i forvejen og må være der i forvejen. Det har vores Herre Kristus frembragt, kommet med og efterladt sig og først trykket det ind i apostlenes hjerte og ved apostlenes efterkommere stedse og uafladelig trykket det ind i de kristnes hjerte. Desuden har han også i det ydre ladet det *printe i bogstaver* og *male i billeder*. Sådan bliver der intet andet tilbage for præsten eller prædikanten end *denne eneste gerning, nemlig at meddele eller frembære evangeliet*, som Kristus har befalet at prædike. Paven og hans vederstyggelighed har ganske vist frembragt mange lærdomme af deres hoveder, men de er ikke Guds Ord eller evangelium.

Sådan frembringer præsten, der døber, ikke nogen dåb, men *Kristus har forud gjort den*. Præsten *meddeler og giver* den kun. For her står Kristi ordning. Den er, som Augustin siger: "Ordet forener sig med det ydre element og frembringer et sakramente". Når man tager vand og føjer hans ord til, er det en dåb, sådan som han befaler i slutningen hos Matthæus: "Gå hen og gør alle folkeslagene til mine disciple, idet I døber dem i Faderens og Sønnens og Helligåndens navn". (Matt 28, 19).

Det er denne befaling og indstiftelse, der gør det. Det er den, der bevirker at vandet og ordet er en dåb. Vores værk og handlinger udretter intet, blot ved at vi udfører ritualet. For det kaldes ikke en dåb, fordi jeg døber eller udfører ritualet, selv om jeg så var mere hellig end Johannes eller en engel. Nej, det kaldes en dåb, fordi Kristi ord, befaling og indstiftelse har forordnet, at vandet og hans ord skal være en dåb. *Jeg gentager: Denne Kristi ordning - og ikke vores handlinger eller udførelse af ritualet - frembringer dåben*. Vores handlinger meddeler og giver blot den dåb, som er forordnet og frembragt ved Kristi befaling og indstiftelse.

Derfor er og bliver Kristus alene den eneste, rette, evige døber, der dagligt meddeler sin dåb ved vores handlinger og tjeneste, lige til den yderste dag. Derfor burde vores døben rettelig kaldes en meddelelse eller skænkning af Kristi dåb, ligesom vores prædiken er en meddelelse af Guds ord. Man kan dog godt kalde det vores prædiken og dåb, men ikke i den forstand at det bliver en dåb eller Guds ord ved vores handlinger, men at vi har modtaget det fra Kristus og giver eller meddeler det til andre. Ligesom en tjener kan kalde det brød, han serverer, for sit brød, blot han forstår og lader forstå, at det er husværtens brød.

Sådan forholder det sig også med nadveren

Sådan forholder det sig også med, at brød og vin bliver Kristi legeme og blod. Det skyldes ikke vores handlinger, fagter eller tale, meget mindre salvelsen eller indvielsen til præst, men det skyldes Kristi ordning, befaling og indstiftelse. Som Paulus siger i 1 Kor 11, så har Kristus befalet, at når vi kommer sammen og udtaler hans ord over brød og vin, så skal det være hans legeme og blod. Heller ikke her gør vi mere end at række og give brød og vin med hans ord efter hans befaling og indstiftelse. Og denne *hans befaling og indstiftelse udretter og bevirker*, at vi ikke uddeler og modtager almindelig brød og vin, men hans legeme og blod. Sådan som hans ord lyder: "Dette er mit legeme. Dette er mit blod".

Det er således ikke vores handlinger eller tale, men Kristi befaling og ordning, der gør brødet til legeme og vinen til blod, *lige fra den allerførste nadver og indtil verdens ende*. Ved vores tjeneste eller embede bliver det blot dagligt uddelt. Vi hører nemlig ikke ordene: "Dette er mit legeme", som talt i præstens person, men som talt af Kristi egen mund. Han er til stede her og taler til os: "Tag det og spis det. Dette er mit legeme." Anderledes forstår og hører vi det ikke. Vi véd godt, at det ikke er præstens legeme, der er i brødet og bliver givet os. Vi hører heller ikke befalingen eller ordningen som talt i præstens egen person, men vi hører Kristus selv tale til os gennem præstens mund. Han siger, vi skal tage brød og vin sammen med nadverordene og efter hans befaling spise og drikke hans legeme og blod deri.

For det må vi tro og være visse på, at dåben ikke er vores, men Kristi, evangeliet ikke vores, men Kristi, prædikeembedet ikke vores, men Kristi, nadveren ikke vores, men Kristi, nøglen eller forladelsen og fastholdelsen af synderne ikke vores, men Kristi. Kort sagt, embedet og sakramenterne er ikke vores, men Kristi, for han har ordnet og efterladt sig alt dette i kirken til at forrette og bruge det indtil verdens ende, og han lyver og bedrager os ikke. Derfor kan vi heller ikke gøre noget andet deraf, men må gøre og holde det efter hans befaling. Men hvis vi forandrer eller forbedrer det, så er det intet, og Kristus er der ikke mere, heller ikke hans anordning.

Og jeg siger ikke ligesom papisterne, at ikke nogen engel og heller ikke Maria kan forvandle nadveren, osv. Jeg siger derimod sådan: Selv om så *Djævelen selv* kom (hvis han var så from, at han ville eller kunne gøre det), og jeg først senere erfarede, at Djævelen sådan havde listet sig ind i embedet eller ligesom i et menneskes skikkelse havde ladet sig kalde til præsteembedet og offentlig i kirken prædikede evangeliet, døbte, holdt messe, absolverede og som en præst udøvede dette embede og meddelte nadveren efter Kristi befaling og ordning, så måtte vi ikke desto mindre bekende, at sakramenterne var rette, at vi havde modtaget en ret dåb, hørt det rette evangelium, modtaget den rette absolution og modtaget den rette nadver med Kristi legeme og blod.

For vores tro og sakramente må ikke være grundet på personen, han være nu from eller ond, indviet eller uindviet, kaldet eller indsneget, Djævelen eller hans moder, men på Kristus, på hans ord, på hans embede, på hans befaling og ordning. Hvor disse er, dér må det gå og stå ret til, personen være nu, hvem og hvordan han være vil eller kan. Og hvis man skulle dømme efter personen, hvad er det da for en prædiken, dåb og nadver, som Judas og alle hans efterkommere har udført og meddelt efter Kristi befaling og endnu gør, andet end Djævelens prædiken, dåb, nadver? Det er jo meddelt og givet os ved Djævelens lemmer? Men fordi embedet, ordet, sakramentet er Kristi ordning og ikke Judas' eller Djævelens, så lader vi Judas og Djævelen være Judas og Djævelen og modtage alligevel Kristi goder gennem dem. For da Judas fór ned til Djævelen, tog han ikke sit apostelembede med sig, men efterlod det her, og Matthias overtog det i hans sted (ApG 1, 15-26). Embedet og sakramenterne forbliver bestandig i kirken, men personerne forandrer sig daglig. Man skal blot kalde og indsætte folk, som formår det, så vil tingene bestemt have sin gang og fungere. Hesten er sadlet og klar. Hvis du sætter en fattig knægt op, som kan ride, så rider hesten lige så godt, som hvis kejseren eller paven red på den.

Jeg har i min ungdom hørt en fortælling om, hvordan præsten engang pludselig var blevet syg. Da han nu skulle prædike, kom en til ham, tilbød sig at prædike for ham, kastede hurtig bladene om i bogen og skrev en prædiken, men prædikede så kostelig og alvorlig, at den hele kirke måtte græde; til slutning sagde han: vil I vide, hvem jeg er? Jeg er Djævelen og har derfor prædiket så alvorlig for jer, så at jeg med des mere grund og fynd kan anklage jer til jeres store fordømmelse på den yderste dag, når I ikke har holdt det. Om denne fortælling er sand eller ikke, lader jeg stå ved sit værd; men det véd jeg for vist, at den ikke er sandheden ulig, og at den i hovedsagen siger sandhed, nemlig, at Djævelen nok kan have og meddele Kristi ord, embede og sakramenter; for han kan forstille sig i skikkelse af en lysets engel og Guds majestæt selv. *Og jeg ville ikke være borgen for, at Djævelen endnu aldrig har været præst eller prædikant; der er jo ved nogle præster og sjælesørger sket så afskyelige ting med trolddom og gøgleri og deslige djævlegerninger.*

Også med *de skabte ting* har det sig jo sådan, at ikke vores gerning og vores værk udretter noget, men alene Guds befaling og ordning. Når vi pløjer, sår og planter, så gør vi vores gerning, som er befalet os (1 Mos 3), men denne vores gerning frembringer ikke et korn, men Guds befaling og ordning, når han i 1 Mos 1 siger til jorden: lad jorden frembringe græs, urter og alle slags træer, ligesom også Paulus siger i 1 Kor 3: Den, som planter, er ikke noget, heller ikke den, som vander, men Gud, som giver vækst. Enten nu Djævelen eller mennesket, en skalk eller en from mand gør sådan en gerning, hvad enten han planter, sår eller vander, så går alligevel Guds ordning og befaling for sig, og jorden bærer sin frugt. Ligeså bliver mand og kvinde på naturlig måde ét legeme, som Gud har befalet og indrettet det, men af denne

48

gerning bliver der aldrig nogen frugt eller barn, men af Guds befaling og ordning, når han siger: Bliv frugtbare og formerer jer. Selv om så Djævelen bringer mand og kvinde sammen, sådan som det sker i ægteskabsbrud og horeri, så går Guds Ordning alligevel for sig, og der bliver en frugt eller et barn deraf. Når en skalk, et uægte barn eller en tyv kommer i besiddelse af et fremmed arvegods, så gælder alt godset ligeså meget, som om den rette arving ejede det. Sådan går det også her til med sakramenterne. *Vi sammenføjer vand og ord, sådan som han byder os, men denne vores gerning forvandler det ikke, men Kristi ord og ordning.* Hvis nu Djævelen eller hans redskab her ville holde over Kristi ordning og gøre derefter, så ville det alligevel være ret dåb og sakramente. For Kristus bliver ikke for Djævelens og andre menneskers skyld til en løgner eller bedrager for sin kirke, men døber den og giver den sit legeme og blod, hvem nu end den person er, ved hvis hånd han gør det.

Papisterne selv bekender jo, at dåben meddelt i spøg eller i leg er en ret dåb; ligesom der står skrevet om Athanasius, at han legede med sine venner og børn ved havet og døbte dem, sådan som han i kirken havde set biskoppen gøre det, og biskop Aleksander holdt det for en ret dåb og døbte ikke disse børn om igen. Ligeså læser man i legenderne, at nogle narre i en leg ville smigre hedningerne og med dåben spotte de kristne, som om det var en naragtig, latterlig tro at ville blive hellig ved vandet osv. Men i legen fik den ene et skrift at se, som foreholdt ham disse Paulus' ord i Ef 4, 5: Én Herre, én dåb, én Gud og alles fader osv. Ved dette skrift blev han troende og antog legedåben for en ret dåb, gjorde alvor deraf og bekendte Kristus frit. Men da hedningerne greb dem alle og mente, at narrene havde foretaget denne leg til de kristnes ære og hedningerne til trods, forhånede de andre denne sin ene ven og sagde, at han var blevet gal; men han blev ved sin dåb og tro og lod sig pine for sammes skyld og fór sådan fra legen til Himlen.

Men papisterne er blinde og blindes vejledere, ser alene på sin person og gerning, ret som om sakramentet måtte blive til eller ikke på grund af, at de er sådanne personer og gør sådan gerning, og de spørger ikke efter Kristi ordning og indstiftelse; og dog kan jo vores person og gerning ikke gøre noget dertil, Kristi ordning må alene gøre det; salvelse, kronragning, kåbe og sligt bram hjælper ikke. Derfor véd de i sandhed selv ikke og kan ikke vide, hvad de gør i deres messer. Og for at jeg engang skal svare på spørgsmål, som jeg ovenfor gjorde, nemlig hvordan man skal forholde sig mod præsterne i pavedømmet, fordi de alle sammen kun er indviet af privatbiskopper til privatmessen, så skal du her gøre det sådan: Hans salvelse og privatvielse skal du ikke agte eller anse for noget, fordi den visselig intet er og heller ikke gavner eller nytter kirken og dig noget; men på det skal du se, at han er i besiddelse af prædikeembedet, hvilket ikke er hans, men Kristi embede. Lad heller ikke det forvirre dig, om han er ordentlig kaldet, eller om han har købt eller trængt sig ind i samme; hvordan han er kommet derind, om på hovedet eller på benene, om han er Judas eller Peter, på det skal du ikke lægge nogen vægt; skil kun embedet fra personen og helligdommen fra vederstyggeligheden.

Ok, han er præst, og sådan har Kristus under vederstyggeligheden i pavedømmet opholdt sit hellige, kære præsteembede. Hvis han nu prædiker evangeliets tekst rent, så sig: dette er Kristi helligdom. Prædiker han ved siden heraf en anden lære imod evangeliet, så sig: dette er Djævelens vederstyggelighed, som ødelægger ordet. Hvis han døber og i det følger Kristi ordning (om han end ikke har den rette forstand på dåben), så sig: dåben er ret for Kristi ordnings skyld, ikke for præstens eller hans gernings skyld. Hvis han under skriftemålet eller offentlig absolverer dig eller forlader synden — uagtet der ikke er nogen papist i verden, som vel rettelig forstår, hvad syndsforladelse er, og de ikke véd (som alle deres bøger viser), om de forlader skyld eller pine — da bryd dig ikke herom. Hvis han bruger de rette ord og måde og absolverer dig i Kristi navn, så sig: denne hellige, trøstelige absolution giver mig min herre Kristus selv ved sine nøgler, som han har givet kirken. Hvis han desuden pålægger dig bod som noget, hvormed du skal fyldestgøre for din synd, så tænk: dette er vederstyggeligheden, som vil tilintetgøre mig Kristi absolution, som om Kristus skulle sælge mig sin nåde for min fortjeneste. For verden vil jeg gøre min næste

50

fyldest, hvis jeg er gået ham for nær, men *for Gud står som min fyldest-gørelse Kristus selv med sit dyrebare blod*; ved det bliver jeg, og på det forlader jeg mig.

Når han holder messe, så mærk med flid denne forskel: for så vidt han holder sig til Kristi ordning og indstiftelse og rækker og meddeler sakramentet også til andre, så vid, at der er visselig Kristi legeme og blod til stede for Kristi skyld og ikke for præstens gernings eller helligheds skyld. Men for så vidt han ikke holder sig til Kristi ordning og mening, men forandrer og fordrejer den, da behøver du ikke at tro, at det er Kristi legeme og blod. Ja, du skal ikke tro det, som ovenfor er sagt om andre privatmesser. For det være nu højmesse eller morgenmesse, eller hvad de så end kaldes, så er det privatmesser, da der ikke rækkes eller meddeles kirken noget af sakramentet. For der står Kristi ordning og indstiftelse klar: Gør dette til min ihukommelse. Hvad skal vi gøre? Og hvad menes der med det ord: dette? *Der menes det, som han gør og med gerninger og ord viser*, nemlig: han tog brødet og takkede og brød det og gav sine disciple det og sagde: tag det og spis det, det er mit legeme, som gives for jer, gør dette til min ihukommelse. Ligeså tog han også bægeret, takkede og gav dem den og sagde: drik alle deraf, dette er det nye testamentes bæger i mit blod, som udgydes for jer til syndernes forladelse; gør dette, så ofte som I det drikker, til min ihukommelse. *Skal nu Kristi ordning overholdes (som han siger: Gør dette osv.), så må vi ikke alene tage brødet og vinen med Kristi ord, men meddele og række andre det.*

Når derfor en præst i påsketiden eller på andre tider på året fra alteret har meddelt folk den ene skikkelse, så har dette sandelig været et sakramente, skønt det kun har været halvdelen deraf; den anden skikkelse, som han ikke har meddelt, men nydt alene for sig selv, holder jeg for (indtil de har bevist det) ikke at have været et sakramente, men bare vin; sådan har de ikke alene berøvet lægfolk det halve sakramente og alligevel holdt messe under dette rov, som om det ikke var synd, men endog berøvet sig selv med og dertil skammelig narret og bedraget sig selv og taget vin for et sakramente. Hvor bliver der her af deres rådne snak, når de siger, at Kristus har i nadveren meddelt alene præsterne begge skikkelser, og derefter har kirken, uden Kristi befaling, af egen barmhjertighed meddelt lægfolk den ene skikkelse, når det her vil befindes, at de heller ikke har meddelt præsterne og sig selv mere end det halve sakramente?

Også når præsterne i den stille uge eller på en anden tid af året modtog nadveren og ikke selv holdt messe, måtte de lige så vel som lægfolket mangle og undvære den anden skikkelse, uden at se hen til og betænke, at de selv siger, at Kristus har befalet præsterne at tage begge skikkelser. Så smukt passe deres egne ord og gerninger sammen.

Kort sagt, de må nu gøre af privatmessen, hvad de kan, så vil og skal vi ikke holde den for noget sakramente, men for en vederstyggelighed og ødelæggelse af nadveren, fordi den forandrer Kristi ordning og ikke meddeler hverken præster eller lægfolk noget eller blot meddeler den ene halvdel én gang om året.

Kirken eller almindelige kristne, som ikke har kunnet modtage begge skikkelser, er visselig at undskylde som de, der er bedraget og forført af Antikrist og har ladet sig meddele kun én skikkelse. For den tro er alligevel forblevet fast og ren i kirken, at Kristus i nadveren for alle kristne har indstiftet og befalet at modtage hans legeme og blod, ligesom mange sange og digte vise alt dette, især den almindelige sang: Gud være lovet og prist, som os selv har bespist med sit kød og med sit blod. Og derefter: herre, med dit hellige legeme, som kom fra din moder Maria, og ved dit hellige blod, hjælp os, herre, ud af al nød osv. Med denne og lignende sange, som man har sunget ved nadveren, ja ved processioner og i kirkerne, har kirken offentlig råbt ve og død over Antikrist og hans røveriske privatpræster; for hermed har den offentlige bekendt sin tro, at Kristus har anordnet og givet den både sit legeme og blod til spise, og at den efter Kristi befaling bør modtage dette, sådan som den tror, bekender og hjertelig begærer i denne sang. Ved en sådan ret tro, længsel og fri bekendelse mod kirketyve og røvere under pavedømmet har Kristus i sandhed opholdt sine udvalgte og derefter ved syndernes forladelse ikke tilregnet dem deres uvidenhed, at de har måttet bruge kun den ene skikkelse, ligesom han holdt apostlene megen skrøbelighed til gode.

Og hvordan må de kristne bære sig ad, som er fanget i Tyrkiet og ikke kan få nadveren og alene må lade sig nøje med troen og med den begærlighed, de har efter Kristi nadver og ordning? *Ligesom de, der dør før dåben og dog bliver salige på grund af deres tro og begær efter dåben.* Hvordan måtte Israels børn i Babel bære sig ad, da de slet ikke kunne have nogen gudstjeneste i Jerusalem uden alene i troen og i hjertelig attrå og længsel? Selv om kirken sådan ved paven havde været aldeles berøvet nadveren, så ville den alligevel, fordi Kristi ordning vedblev i deres hjerte med tro og længsel, ved det visselig være blevet opholdt, ligesom der jo nu i vores tid er mange, som hellere aldeles ville undvære nadveren legemlig, end de ville ære og styrke pavens vederstyggelighed i den ene skikkelse; for Kristi ordning og tro er to Guds gerninger, som formår alt.

Men betragt den nævnte salme, om den ikke er en kristelig, ren, herlig bekendelse og forfattet i en ægte ånd? Den vidner om, at lægfolk på den tid, da den blev forfattet, har modtaget begge skikkelser, idet den siger: som selv har bespist os med sit kød og med sit blod. Hvem er de, som siger os dette? Det er lægfolk, som har sunget den på tysk og endnu synge den og dermed bekender, at de ikke alene er bespist med én skikkelse, med hans kød (som de visselig vidste, hvad i vore dage de skarpe papister foreholde os, ikke kan være uden blod), men også med den anden skikkelse, med hans blod. Og det er overmåde grundigt og kristeligt talt, når de siger: Kristus har selv bespist dem, ikke sjælesørgeren eller præsten, men Kristus selv er den, som bespiser, som ved sin ordning og ikke ved en præsts gerning giver os sit legeme og blod. Fremdeles, at de ikke holder det for et offer eller for en god gerning, ligesom vederstyggeligheden gør og sælger det til andre, men de prise det som en spise for deres sjæle osv.

Men jeg må ophøre med at prise denne salme; ellers skulle vel de vederstyggelige, forstokkede gudsbespottere, når de erfarede det, herefter forbyde også denne salme, som dog de selv og alle deres forfædre have sunget, og som visselig er forfattet mange år før Luther, ligesom de ellers forbyde mange salmer, hvori dog Guds rene ord og vores tro bliver bekendt, så at de ret håndgribelig måtte fremstille sig selv som den rette vederstyggelighed på det hellige sted; eller de må (efter deres nye kunst) her forklare kød og blod om én skikkelse, ligesom de på den anden side i nadveren forklarer én skikkelse at være begge. For hvordan de drejer og gør det, så er det ret; men hvordan Gud selv gør og ordner det, så er det urigtigt. Lad dem fare, vi synger i vore kirker med glæde og med enfoldig samvittighed og forstand om begge skikkelser, om kød og blod, som ordene klart lyder og udtrykker det.

For Gud være lovet, i vore kirker kan vi vise en kristen en ret kristen messe efter Kristi ordning og indstiftelse og også efter Kristi og kirkens rette mening. Her træder foran alteret vores præst, biskop eller tjener i præsteembedet, rettelig og redelig og offentlig kaldet, men i forvejen viet, salvet og født til Kristi præst i dåben, uden hensyn til privatvielsen. Han synger offentlig og tydelig Kristi ordning, indstiftet i nadveren, tager brødet og vinen, takker, uddeler det og giver det i kraft af Kristi ord: Det er mit legeme, det er mit blod, gør dette osv., til os andre, som er der til stede og vil modtage det. Og os, især dem, som vil modtage nadveren, knæler ved siden af, bag og omkring ham, mand, kvinde, unge, gamle, herre, tjener, kone, pige, barn, forældre, fordi Gud bringer os sammen her. Alle til hobe rette, hellige medpræster, helligede ved Kristi blod og salvede og indviede ved Helligånden i dåben.

Og i denne vores medfødte, arvelige, præstelige ære og prydelse er vi her, har (ligesom det i Åb 4 er afbildet) vore guldkroner på hovederne, harper i hånden og gyldne røgelseskar og lader vores præst, ikke for sig selv, fremsige Kristi ordning. Han taler for os alle, og vi alle fremsiger ordene med ham af hjertet og med oprigtig tro på Guds lam, som er her for os og hos os, og som efter sin ordning bespiser os med sit legeme og blod. Dette er vores messe og den rette messe, som vi ikke mangler.

For går for det første alt sammen efter Kristi ordning og befaling, så at det også rækkes og meddeles kirken under begge skikkelser, ved

Kristi ord: tag og spis det, det er mit legeme osv. Gør dette til min ihukommelse. Præsten modtager det ikke alene for sig selv, ligesom pavens vederstyggelighed gør; heller ikke ofrer han det til Gud for vores synd og al vores nød, ligesom pavens vederstyggelighed gør; han meddeler os det ikke, heller ikke sælger han os det som en god gerning, ligesom pavens vederstyggelighed gør og har gjort et skammeligt marked deraf; men han rækker os det til trøst og styrke for vores tro.

Her forkynder og prædiker man om Kristus. Her kan der ikke være nogen gerrighed eller afguderi. Her har vi tilforladelig Kristi og kirkens mening. Her behøver vi ikke at bekymre os, om præsten siger ordene hemmelig, eller om han også forvandler, eller om han også tror; for vi hører indstiftelsens ord offentlig og siger dem af hjertet med ham, og Kristi indstiftelse (ikke vores gøren eller salvelse) forvandler eller giver os Kristi legeme og blod. Tror præsten ikke, eller tvivler han, så tror vi; vakler han i ordene eller forvirres han og glemmer, om han har talt ordene, så er vi der, hører til, holder fast og er visse på, at de er talt. Derfor kan vi ikke blive bedraget. Og fordi ordningen og en ret tro er der, må det være vist, at vi modtager Kristi sande legeme og blod. Og Gud være lov og tak, at jeg har oplevet at se den rette kristne messe og den rene kristne brug af det hellige sakramente. Jeg ser det med mit hjertes lyst og glæde efter den vederstyggelige, skrækkelige misbrug, som jeg desværre har hjulpet til at drive i så mange år under pavens vederstyggelighed.

For jeg forskrækkes ofte derfor, når jeg tænker på, hvordan jeg og andre på den tid så såre andægtig holdt privatmessen. Men vi gjorde det i uvidenhed; derfor har den kære mand Jesus Kristus holdt os det til gode og tilgivet os; og vi vil heller ikke nogensinde mere gøre det. Men nu véd papisterne det, men vil dog ikke vide det og vedbliver forsætlig i sin vederstyggelighed, går ondskabsfuldt og frækt til det og forvender Kristi ordning, gør en anden, ny ordning. De holder ikke alene messer i ulydighed mod Gud, men også i bespottelse af hans ordning og befaling, meddeler ikke nogen nadveren, beholder det alene for sig selv og kan desuden ikke være visse på, om de modtager bare brød og vin eller Kristi legeme og blod, fordi de ikke forretter det efter Kristi ordning, men efter egen ordning imod Kristi ordning. Heller ikke kan nogen være vis på, om de siger ordene eller ikke; derfor kan heller ikke nogen være skyldig til at tro deres hemmelige mumlen. Desuden prædiker de heller ikke noget for noget menneske, som dog Kristus har befalet. Det er også umuligt, at de skulle tro rettelig. For at tro ret og vitterlig rase imod Guds Ord kan ikke bestå med hinanden i ét hjerte. Derfor kan de heller ikke bede eller takke, så at det behager Gud. Og endelig er på grund af denne vederstyggelighed og ugudelighed dette deres højeste gudstjeneste, at de har skændet og vanæret dette sakramente (hvis det ellers hos dem er et sakramente) med så mange vederstyggeligheder, at de ofrer det til Gud og for penge meddeler og sælger andre kristne det. Intet stål eller jern, ingen klippe eller sten er at anse for hård i sammenligning med sådanne hjerter, som vitterlig vedbliver i sådan vederstyggelighed.

Men denne bog er vokset og blevet større under mine hænder, end jeg havde tænkt, og jeg må indskrænke den en smule, indtil jeg eller vore en anden gang skriver mere herom. For fordi papisterne er så fortvivlet forstokkede i sin vederstyggelighed, at de ikke vil høre op hverken med at lyve imod den erkendte sandhed eller med at myrde de uskyldige, fromme kristne, så må vi herefter ofte og flittig behandle dette stykke, så at vore kan have noget, hvormed de klart og sikkert kan skelne mellem den rette, hellige kirke og pavedømmet, mellem Guds tempel og Antikrist, som sidder derinde (2 Thess 2, 4), mellem det hellige sted og vederstyggeligheden, ligesom Kristus selv hos Matthæus i det fire og tyvende kapitel byder os at gøre forskel: "Når I derfor ser Ødelæggelsens Vederstyggelighed, som der er talt om ved profeten Daniel, stå på hellig grund – den, der læser dette, skal mærke sig det!"

For vi lader ikke pavedømmet være den hellige kirke eller en del deraf og kan heller ikke; men det er ødelæggelsens vederstyggelighed og Antikrist, den fjende og modstander, som ødelægger kirken, Guds Ord og ordning og sætter sig selv derimod og over det som en Gud over alle onder, sådan som Daniel og Paulus har spået. Og fordi det ikke kan ske, at vi eller den hellige kirke *legemlig skilles eller afsondrer* sig fra vederstyggeligheden, paven eller Antikrist før den yderste dag, (for vederstyggeligheden skal og må, som Kristus lærer, ikke stå udenfor, men på det hellige sted, og Antikrist sidde ikke udenfor, men i Guds tempel, og pavedømmet være ikke udenfor, men i kirken), så må vi dog vide at *skille os åndelig* og i den rette forstand fra ham og vogte og bevare os for hans ødelæggelse, så at vi må forblive rene i Kristi sande tro og værge og forsvare os imod hans skarn og uhumskhed.

Derfor vil jeg nu gemme det femte og sjette stykke, nemlig nøglerne eller forladelsen og bønnen, hvordan de har leget dermed og *ødelagt den rette tilgivelse og bønnen*, og Kristus dog underfuldt og med magt har opholdt begge dele. Jeg vil derimod hermed være begyndt at ødelægge deres salvelse og privatmessen og hjælpe til at sende sådanne forargelser ud af Kristi rige og atter tilkende og indrømme kirken kaldelsen eller den rette vielse og ordination sådan, som den har haft fra begyndelsen, men som de store biskopper har revet til sig alene og frataget de små biskopper eller præsterne.

For dette er og må være vores grundvold og faste klippe, at hvor evangeliet prædikes ret og rent, dér må være en hellig, kristen kirke, og hvem, som tvivler på det, han kan lige så gerne også tvivle på, at evangeliet er Guds Ord. Men hvor der er en hellig, kristen kirke, må alle sakramenterne være, Kristus selv og hans Helligånd. Skulle vi nu være en hellig, kristen kirke og have de største og nødvendigste stykker, som Guds Ord, Kristus, Ånd, tro, bøn, dåb, nadver, nøgler, embeder osv., og skulle ikke have også det ringeste stykke, nemlig magt og ret til at kalde nogle til embedet, som kan række os ordet, dåben, nadveren, forladelsen (til dem, der er beredt) og tjene os i det - hvad ville det være for en kirke? Hvad ville der så blive af Kristi ord, når han siger: "Hvor to eller tre er forsamlet i mit navn, dér er jeg midt iblandt dem?" Og atter: "Alt, hvad to af jer her på jorden bliver enige om at bede om, det skal de få af min himmelske fader." Har to eller tre sådan magt, hvor meget mere da ikke en hel kirke?

Hør dog, hvor simpelt Paulus taler i 2 Tim 2, 2 om ordinationen: "Hvad du har hørt af mig i mange vidners nærværelse, skal du betro pålidelige mennesker, som vil være duelige til også at undervise andre." Her er hverken salvelse eller olie. Her er kun den befaling at lære Guds Ord. Hvem, som har den, ham holder Paulus for en præst, biskop og pave. *For alt kommer jo an på Guds Ord, som det højeste embede,* som Kristus selv har villet skal holdes for hans eget og for det højeste. For endog alle sakramenter må jo blive til ved ordet som det fornemste stykke i alle sakramenter, ligesom papisterne selv kalder ordet for sakramentets kerne (formam sacramenti).

Og Kristus har også skammelig glemt ordinationen i slutningen hos Matthæus, når han siger: Gå hen og lær alle folk at holde alt det, jeg har befalet jer.

Men hvad har han befalet dem? Visselig at prædike evangeliet, at døbe, meddele nadveren, forlade synder osv. Ja, det er dem hermed befalet, at de skulle gøre det, sådan som Paulus også skriver til korinterne, at han har modtaget det af Herren og givet korinterne det, og han melder intet om salvelse, men blot om embedet og befalingen.

Til slut beder og formaner jeg sektånderne og også nogle ryggesløse papister, som selv ikke stoler på sin afgud, at de ville lade denne min bog være ubenyttet. For at jeg undskylder den hellige kirke, at den af uvidenhed har syndet i henseende til den ene skikkelse (skønt ikke hele kristenheden har syndet heri), dermed har jeg ikke tilladt eller bekræftet ryggesløsheden hos dem, som nu vitterlig fordømmer begge skikkelser; heller ikke har jeg dermed villet tjene sektånden, når jeg har talt om privatmessernes brød og vin; men jeg har villet bevise vore min tjeneste, angribe privatvielsen og privatmessen og *gøre forskel mellem kirken og pavedømmet.* For jeg ville gerne hjælpe til at tilintetgøre privatvielsen og privatmessen, ligesom den har tilintetgjort vores kristne ordination og messe. Denne sag angår ikke sektånderne og de vilde papister, heller ikke forstår de den; derfor skal de ikke dermed smykke sin sag.

Når jeg vender tilbage, vil jeg vedblive at angribe al vielse under pavedømmet, fordi de har syv vielser, før de gør en privatpræst, nemlig hostiarium, lectorem, exsorcistam, acolythum, subdiakonum, diakonum, presbyterum og derefter de høje vielser af episcopi og papæ. For hostiarium kalder de den, som var viet til klokkestrengen, det er, som skal lukke kirkerne og ringe med klokkerne. Denne vielse har nu hos dem længe været ude af brug; alligevel forretter klokkeren, hans kone, pige eller tjener dette embede uden al vielse både i landsbyer og købstæder. Lector kaldtes den, som i kirken måtte læse teksten i messen eller vigilierne og synge salmer. Dette embede udfører nu også skoleeleverne uden al vielse; og sådan er vielsen ganske bortfaldet og embedet blevet tilbage. Exorcisten kaldtes den, som besværger Djævelen for dåben, som nu døberen selv gør, og både vielsen og personen af dette navn er borte, kun embedet er blevet tilbage. Akolythus [kordegn] kaldtes admissus eller licentiatus, hvem det var tillad at tjene præsten ved alteret, såsom at tilberede alteret, antænde lysene og lignende, og som hjalp til ved messen. Derfor kaldte de en sådan ceroferarios [lysbærer]; hvad akolythus betyder, vidste de ikke. Også denne vielse er gået til grunde, og klokker, skoleelever, klokkerens kone, datter eller pige udfører nu dette embede uden al vielse både i købstæder og landsbyer. Også alle disse måtte kaldes gejstlige.

Ligeså var epistler og evangelier dem, som i messen læste epistelen og evangeliet, tilberedte nadverbrød og vinbæger, hvilket embede nu præsterne selv forretter (undtagen i nogle klostre, som brugte dette på store fester og i højmesser), så at denne vielse tilligemed personerne selv er bortfaldet og embederne blevet tilbage. Således vil vi også have den syvende vielse, som papisterne selv har skilt fra præsteembedet og tilintetgjort, bortkastet med dens privatvielser og have embedet bekræftet, så at alle disse syv vielser med sit gøgl ikke skal forvirre os i Kristi og kirkens embeder.

Vores vielse skal betyde at ordinere eller kalde til embedet. Og er end personens fingre ikke smurt med salve, så skal de ved det være tilstrækkelig salvet, når de har rørt ved nadveren, ligesom papisterne holdt vinbægrene og brødfadene for indviede, når der holdtes messe dermed, sådan som nogle blandt dem ikke turde vove dette uden biskoppens vielse. For uden biskoppens vielse måtte man, efter deres strenge kirkeret, ikke holde messe med noget uindviet fad eller bæger, heller ikke turde nogen nonne vaske et sådant indviet fad, hvor hellig end den kære Kristi brud måtte være. Men det er for meget nu at tale om vielsens utallige vederstyggeligheder; en anden gang mere om det, og, om Gud vil, til velsignelse, amen.

Den Store Lutherserie

1 Kristi nadverord står fast

2 Kirkepostillen, bind 1

3 Kirkepostillen, bind 2

4 Kirkepostillen, bind 3

5 Salme 51

6 Opstandelsen

7 De Lutherske Bekendelsesskrifter

8 Vejledning for menighederne

9 Huspostillen

10 Bjergprædikenen

11 Luther-Lex-Citater

12 Teologiens Grundbegreber

13 Første Mosebog bind 1

14 Første Mosebog bind 2

15 Første Mosebog bind 3

16 Første Mosebog bind 4

17 Om den hellige dåb

18 Fortalerne til Bibelen

19 En enkel måde at bede på

20 At bede enkelt

21 Nådens Nøgler

22 Sang og Musik

23 Udvalgte Breve

24 Festpostillen

25 Gud vil alles frelse

26 Peters Første Brev

27 Kirkepostillen – Vinterdelen

28 Kirkepostillen - Sommerdelen

29 Troen Alene

30 Johannes 17 – Om Kristi Bøn

31 Privatmesser og præstevielse